REFORMA FISCAL E EQUIDADE SOCIAL

REFORMA FISCAL E EQUIDADE SOCIAL

Fernando Rezende

Copyright © 2012 Fernando Rezende

Direitos desta edição reservados à
Editora FGV
Rua Jornalista Orlando Dantas, 37
22231-010 | Rio de Janeiro, RJ | Brasil
Tels.: 0800-021-7777 | 21-3799-4427
Fax: 21-3799-4430
editora@fgv.br | pedidoseditora@fgv.br
www.fgv.br/editora

Impresso no Brasil | *Printed in Brazil*

Todos os direitos reservados. A reprodução não autorizada desta publicação, no todo ou em parte, constitui violação do copyright (Lei nº 9.610/98).

Preparação de originais
Maria Lucia Leão Velloso

Revisão
Joana Milli e Fernanda Mello

Projeto gráfico de miolo e capa
Letra e Imagem

Foto da capa
© Thesnowman87 | Dreamstime.com

FICHA CATALOGRÁFICA ELABORADA PELA BIBLIOTECA MARIO HENRIQUE SIMONSEN/FGV

Rezende, Fernando
Reforma fiscal e equidade social / Fernando Rezende. — Rio de Janeiro: Editora FGV, 2012.
144 p.

Inclui bibliografia.
ISBN: 978-85-225-0975-1

1. Reforma tributária. 2. Igualdade. I. Fundação Getulio Vargas. II. Título.

CDD — 336.2

SUMÁRIO

APRESENTAÇÃO	7
PREFÁCIO	9
INTRODUÇÃO	15

O CONTEXTO Por que é necessário promover
uma reforma fiscal abrangente?   19

Sem uma reforma abrangente é impossível assegurar a isonomia
de oportunidades de ascensão social a todo cidadão brasileiro   19

As limitações e as consequências de um debate
que trata os problemas fiscais de forma isolada   22

Sem uma reforma abrangente é impossível equacionar os conflitos
e antagonismos que foram se acumulando a cada fracasso das
propostas de reformas pontuais   36

OS REQUISITOS O que é necessário para promover a isonomia de
oportunidades sociais e melhorar a qualidade do gasto público?   41

Promover o equilíbrio federativo   41

Proteger os cidadãos mais necessitados   50

Remover conflitos e antagonismos   52

Reconstruir o planejamento e o orçamento   53

Melhorar a qualidade do financiamento   57

Dar transparência ao que é feito e a seus resultados   58

Ter sempre presente o compromisso com a responsabilidade fiscal   59

A PROPOSTA Como uma reforma fiscal abrangente pode contribuir para a
melhoria da qualidade do gasto e a isonomia de oportunidades sociais?   61

A promoção do equilíbrio federativo   61

O aperfeiçoamento das garantias sociais   84

A modernização do sistema tributário   101

Uma nova estratégia regional   109

A reconstrução do planejamento e do orçamento   111

O PROCESSO DA REFORMA 131

Puxando o fio certo, a meada se desenrola 131

Uma oportunidade ímpar não deve ser perdida 134

O primeiro passo na direção da reforma abrangente 137

A bandeira da reforma fiscal 139

APRESENTAÇÃO

Há mais de duas décadas que o tema da reforma fiscal tem estado presente na agenda das reformas institucionais necessárias para que a economia brasileira supere as limitações que tem enfrentado. Essa reforma estrutural pendente é fundamental para sustentar um ritmo de crescimento compatível com a potencialidade do país e para garantir maiores avanços no rumo da redução das desigualdades sociais e regionais.

Ao longo desse período, o Banco Interamericano de Desenvolvimento (BID) tem acompanhado os debates a respeito, buscando contribuir mediante o apoio à realização de estudos, a participação em seminários e o aporte da experiência que acumulou por meio de contribuições a inúmeras reformas fiscais na América Latina. Também nesse período, o BID apoiou importantes programas de fortalecimento institucional em matéria fiscal no Brasil, incluindo os projetos de modernização da Receita Federal, o Programa Nacional de Apoio à Modernização da Administração Fiscal para os Estados Brasileiros (PNAFE), o Programa Nacional de Apoio à Gestão Administrativa e Fiscal dos Municípios Brasileiros (PNAFM) e, mais recentemente, o Programa de Apoio à Gestão e Integração dos Fiscos no Brasil (Profisco).

O interesse no tema motivou o apoio da Divisão de Gestão Fiscal e Municipal (DGFM) às videoconferências promovidas pelo professor

Fernando Rezende, em 2010, conectando nossa sede em Washington com o escritório de Brasília em rede com a Fundação Getúlio Vargas (FGV) no Rio de Janeiro e em São Paulo. Seus técnicos e especialistas de outros organismos participaram das discussões e apoiaram a necessidade de que novas iniciativas de reforma adotem uma perspectiva abrangente, tendo em vista a complexidade do tema e os inúmeros conflitos que precisam ser equacionados para sua aprovação. E, com esse propósito, aprovaram a Cooperação Técnica BR-T1184 para poder apoiar mais diretamente esse esforço.

Neste terceiro livro sobre o tema da reforma fiscal, Rezende aprofunda a tese da importância de ser promovida uma reforma abrangente, e adiciona uma perspectiva inovadora para a defesa dessa abordagem: a contribuição de uma reforma dessa envergadura para a promoção da equidade social. Essa nova perspectiva abre possibilidades até então não exploradas para uma maior participação da sociedade nos debates a respeito do tema.

Por meio da DGFM, o BID participará da atual retomada dos debates, buscando cooperar com os governos e demais instituições que possuem tradição, conhecimento e interesse nessa área. Assim, a ampla divulgação das propostas defendidas neste livro é importante para estimular a busca do melhor caminho para superar as barreiras que bloquearam todas as tentativas de reforma do passado.

Vicente Fretes Cibils
Chefe da Divisão de Gestão Fiscal e Municipal
Banco Interamericano de Desenvolvimento

PREFÁCIO

Este livro tem como propósito defender a necessidade de o Brasil empreender uma reforma fiscal abrangente. Isto por várias razões, sendo a mais importante o fato de que sem tal reforma, que trate simultaneamente do sistema tributário, da coesão federativa, da reconstrução do planejamento e do orçamento, das garantias sociais e do equilíbrio regional, torna-se impossível para o Estado brasileiro alcançar o objetivo de garantir a isonomia de oportunidades de ascensão social a todos os cidadãos do país.

A simples menção a uma reforma abrangente provoca arrepios. Se mudanças pontuais em quaisquer das áreas mencionadas têm enormes dificuldades para serem aprovadas, como acreditar na possibilidade de apreciar tudo ao mesmo tempo? Mas não seria exatamente a insistência em abordar de forma pontual e isolada as distintas dimensões de um mesmo problema que inviabiliza a aprovação de mudanças pontuais?

Ademais, uma reforma abrangente não é incompatível com a tese da reforma possível. O importante é que a reforma considerada possível no momento esteja de acordo com as diretrizes e os objetivos de uma reforma abrangente; que a reforma possível constitua um primeiro passo na sucessão de passos que permite avançar rumo à reforma abrangente.

Por que é necessária uma reforma abrangente para que todos os brasileiros usufruam da isonomia de oportunidades de ascensão social? Porque a essência do federalismo fiscal brasileiro manteve-se inalterada num contexto de fortes mudanças na repartição da atividade econômica e da população no território nacional. Em decorrência, a capacidade de financiamento de cada ente federado foi se distanciando da concentração da população e da pobreza e, portanto, das demandas por serviços públicos no âmbito de suas respectivas jurisdições.

O problema foi se agravando à medida que a vinculação uniforme de percentagens dos orçamentos estaduais e municipais a gastos com educação e saúde reproduzia os desequilíbrios fiscais federativos, de tal forma que o acesso dos cidadãos a serviços educacionais e de saúde de qualidade ficou cada vez mais associado ao local de nascimento e de moradia. O mesmo ocorre com o acesso a serviços urbanos (saneamento, transporte e habitação), pois a capacidade de investimento nessas áreas também reflete as disparidades fiscais. Quem nasceu e vive em localidades em que a receita orçamentária por habitante é baixa se encontra em óbvia desvantagem em relação àqueles que estão em situação oposta.

Não basta saber se os recursos são suficientes e se estão bem distribuídos. É importante verificar a origem dos recursos para avaliar a qualidade do financiamento. A isonomia de oportunidades precisa ser acompanhada de condições para que possa ser de fato aproveitada. Ou seja, é preciso que a economia cresça e gere empregos de qualidade. Se o sistema tributário cria barreiras ao crescimento e encarece o custo da geração de empregos, impede que as oportunidades sejam plenamente aproveitadas. Além disso, se boa parte do ônus tributário recai sobre o cidadão que necessita do Estado para melhorar sua condição social, a isonomia é alcançada às suas próprias custas. Portanto, a qualidade do sistema tributário é parte importante da proposta de uma reforma fiscal abrangente.

Prefácio

A isonomia de oportunidades de ascensão social padece ainda das dificuldades que o governo enfrenta para melhorar a eficiência da gestão pública. Além do equilíbrio entre recursos e responsabilidades, uma gestão eficiente requer previsibilidade quanto a disponibilidades financeiras futuras e segurança no tocante ao acesso aos recursos orçamentários previstos para serem aplicados em dado período. Isto é, requer um planejamento que contemple um horizonte temporal largo e um orçamento que seja de fato executado. Nas atuais condições de encurtamento do horizonte temporal das políticas públicas e de incertezas no acesso aos recursos contemplados no orçamento é muito difícil obter ganhos expressivos no que se refere ao propósito de melhorar a eficiência da gestão.

Como as disparidades fiscais sofrem a influência de uma dinâmica socioeconômica que se processa a um ritmo cada vez mais acelerado, a ausência de uma política de desenvolvimento regional que busque promover a convergência de rendas na Federação brasileira é uma questão adicional a ser considerada. Com menos disparidades fiscais, a redução das disparidades regionais diminui as tensões e os conflitos federativos, contribuindo também para promover a cooperação intergovernamental na formulação das políticas sociais e a eficiência na gestão dessas políticas.

Uma reforma fiscal abrangente trata, portanto, de mudanças no regime de transferências de recursos federais a estados e municípios, a fim de reduzir as disparidades na capacidade de financiamento das políticas públicas entre os entes federados; do aperfeiçoamento do regime de garantias sociais, para aumentar sua eficiência e eficácia; da reforma do sistema tributário, para sustentar o crescimento econômico e promover uma justa repartição da carga tributária; da recuperação do planejamento e do orçamento, para criar as condições necessárias à eficiência da gestão pública; e de uma nova política de desenvolvimento regional, para promover a convergência de rendas e manter a coesão e o equilíbrio federativo. Isoladamente, todas essas mudanças são importantes em si mesmas. Mas, em conjunto, ganham importância maior por darem mais condições para que a isonomia de oportunidades sociais seja alcançada.

Os fundamentos e a indicação das mudanças a serem promovidas em cada um dos componentes enumerados são explorados ao longo deste livro, cujo objetivo é estimular o debate, expor controvérsias, promover o entendimento e dar início a um processo de construção dessa reforma. Por isso, as sugestões de mudanças não descem a detalhes. Antes disso é importante avançar no entendimento das razões e dos benefícios da proposta.

A proposta de avançar no rumo de uma reforma fiscal abrangente ganha destaque num momento em que a erradicação da extrema pobreza assume prioridade na agenda do governo federal, e em que o acesso a serviços públicos de qualidade é parte importante da estratégia governamental para promover a inclusão social e produtiva, de forma a evitar que a população pobre fique eternamente dependente de programas de transferência de renda. Como o objetivo principal da reforma fiscal abrangente é exatamente o de promover a isonomia de oportunidades para a superação do círculo vicioso da pobreza, esta vai ao encontro dessa estratégia.

Como já mencionado, a proposta de promover uma reforma fiscal abrangente não significa que as mudanças devam ser feitas de uma só vez. O que se pretende é que ela sirva de referência para as mudanças que podem ser feitas nesse momento, de modo que o que puder ser feito agora crie condições para que, em seguida, possam ocorrer novos avanços no rumo dessa reforma.

Nessa linha, é possível reunir algumas questões que se relacionam com dimensões da proposta em tela, mas que vêm sendo tratadas de forma independente, para que, juntas, possam se constituir no primeiro passo rumo à reforma fiscal abrangente. Essas questões se referem a novos critérios para a repartição dos recursos do FPE e dos royalties do petróleo; à harmonização do ICMS, com a transferência

Prefácio

da cobrança desse imposto para o destino; e à desoneração da folha de salários. Como explicado em detalhes no último capítulo deste livro, o tratamento conjunto dessas questões propiciaria ganhos imediatos no que diz respeito à redução das disparidades fiscais e à qualidade do sistema tributário, abrindo espaço para novos avanços no rumo da reforma fiscal abrangente.

A elaboração desta proposta beneficiou-se de vários debates que reuniram profissionais de distintas especialidades acadêmicas, tanto em encontros presenciais quanto em videoconferências realizados ao longo de 2010. Participaram desses debates cerca de 30 especialistas do Rio de Janeiro, de São Paulo e de Brasília, assim como colegas que militam em organismos internacionais e puderam se envolver nos debates desde Washington. Todos se dispuseram a dar um pouco de seu valioso tempo para enriquecer com seus conhecimentos e suas experiências o debate realizado. Por certo que num debate dessa espécie muitas discordâncias surgiram e distintas opiniões puderam ser livremente expressadas. Para evitar qualquer constrangimento, preferi omitir o nome de seus participantes, pois o conteúdo da proposta que se segue é de minha inteira e exclusiva responsabilidade. A todos que gentilmente se dispuseram a aceitar meu convite para participar desses debates, meus sinceros agradecimentos.

A elaboração desse texto contou com a inestimável colaboração de Erika Araújo, Taiana do Carmo e Daniela Castanhar, na compilação e análise das informações disponíveis, além de valiosos comentários de Sérgio Prado, Bernard Appy e José Roberto Afonso a uma versão preliminar. A eles renovo meus agradecimentos, dispensando-os de qualquer responsabilidade pelo conteúdo da proposta.

INTRODUÇÃO

Após mais de quatro décadas, está mais do que evidente a necessidade de o Brasil promover uma reforma abrangente que estabeleça um modelo de federalismo fiscal condizente com as necessidades do momento. As bases do modelo vigente, estabelecidas na reforma constitucional de 1967, foram sendo corroídas ao longo do tempo, e as mudanças pontuais promovidas antes e depois de 1988 contribuíram para o acúmulo de severas distorções.

A principal consequência das distorções acumuladas foi a impossibilidade de o Estado brasileiro atender a um dos princípios fundamentais de um regime federativo: assegurar a igualdade de oportunidades de ascensão social a todo cidadão brasileiro, independentemente de seu local de nascimento e de moradia. A médio prazo, tal situação aumenta a necessidade de expandir os programas de transferência de renda para as famílias que, não tendo acesso a boas condições de moradia, saúde e educação, não conseguem transpor as barreiras impostas à obtenção de empregos de boa qualidade. A longo prazo, perpetua uma flagrante injustiça que pode ser evitada.

Este livro explora, em detalhes, as razões para a situação apontada e as medidas necessárias para corrigir suas causas. Como é salientado no texto, a isonomia de oportunidades sociais não será alcançada por meio de mudanças pontuais nos vários componentes da questão fiscal, pois depende de uma reforma abrangente que trate simultaneamente do sistema tributário, da coesão federativa, da reconstrução do orçamento, das garantias sociais e do equilíbrio regional.

A princípio, a proposta de promover uma reforma fiscal abrangente pode ser vista com ceticismo. Afinal, se não tem sido possível avançar em mudanças pontuais no regime tributário, como pensar na possibilidade de se obter sucesso discutindo tudo ao mesmo tempo? A resposta devolve a pergunta ao interlocutor. Não será o fato de se querer exatamente alterar um dos componentes de uma questão que tem múltiplas facetas o que impede o avanço em mudanças pontuais? Em face da diversidade de situações e de conflitos não caberia considerar que os efeitos cruzados de mudanças nos vários componentes da questão fiscal talvez ajudem a equacionar os diversos interesses e a facilitar, em vez de obstar, as mudanças que precisam ser feitas em cada um deles?

É claro que a realização de uma reforma abrangente requer o desenho de um processo bem concebido de transição. Não se trata, obviamente, de algo que possa ser feito com uma única penada. E, no desenho da transição, o primeiro passo é essencial para estimular o prosseguimento da caminhada. Nesse passo inicial, é importante tirar proveito do clima reinante, tomar as medidas certas e aproveitar a oportunidade para avançar. No momento em que o conflito federativo em torno da repartição de recursos gera um grande ruído e que um novo governo mantém a determinação de ampliar e consolidar as conquistas sociais da última década, a oportunidade de dar o primeiro passo rumo a uma reforma que tem como lema a isonomia de oportunidades de ascensão social não deve ser perdida.

O conteúdo dessa reforma e as medidas que podem configurar o primeiro passo a ser dado na sua direção são delineados neste livro. Seu objetivo não é avançar nos detalhes antes de construir o entendimento necessário a respeito da contribuição que essa reforma pode dar à promoção do crescimento econômico, à redução das disparidades sociais e à coesão federativa. O que se pretende é que o passo inicial, que deve coincidir com a ideia da reforma possível nesse momento, aponte para o rumo certo e contribua para os sucessivos avanços a serem obtidos posteriormente.

O CONTEXTO

Por que é necessário promover uma reforma fiscal abrangente?

Sem uma reforma abrangente é impossível assegurar a isonomia de oportunidades de ascensão social a todo cidadão brasileiro

Há muitas razões para se promover uma reforma fiscal abrangente, como veremos ao longo deste livro, mas, embora todas sejam importantes, uma merece destaque. Sem uma reforma abrangente não é possível corrigir uma enorme injustiça social que vem se acumulando ao longo do tempo. Uma injustiça que se manifesta sob a forma de desigualdades de acesso do cidadão brasileiro a padrões adequados de provisão de serviços públicos essenciais para nivelar as oportunidades de ascensão social.

Tais desigualdades decorrem de disparidades na repartição dos recursos fiscais, que cresceram em linha com o processo de descentralização da gestão dos programas sociais e na ausência de reformas no federalismo fiscal que tratassem de corrigi-las. Em decorrência, os cidadãos que vivem em localidades em que a receita do ente federado é bem inferior ao necessário para a provisão de serviços de educação e de saúde de boa qualidade ficam em situação desvantajosa em relação àqueles que nascem e vivem em locais onde os orçamentos públicos são mais generosos. Portanto, a aquisição das capacidades necessárias para escalar a pirâmide social depende do local de nascimento e de residência.

A preservação dessa situação cria grandes dificuldades para os propósitos de erradicar a pobreza e reduzir as desigualdades sociais. Por isso, a correção das disparidades fiscais deve estar presente na lista das prioridades nacionais e das reformas necessárias para que esses objetivos sejam mais rapidamente alcançados.

Qual a origem das disparidades e por que é necessária uma reforma fiscal abrangente para corrigi-las?

Disparidades fiscais existem em toda parte, e decorrem do efeito da concentração da atividade econômica na repartição das bases tributárias. Como a produção e a renda se concentram em algumas partes do território, a capacidade de os governos arrecadarem impostos em níveis suficientes para dar conta de suas responsabilidades reflete esse fato.

A maneira de lidar com esse problema é promover a redistribuição das receitas provenientes da tributação, transferindo recursos arrecadados em locais em que a base tributária é forte para aqueles em que a base é fraca. A forma de promover essa distribuição e o vulto dos recursos necessários para alcançar o equilíbrio na repartição dos recursos fiscais dependem de como as competências para instituir e cobrar tributos são repartidas entre os distintos níveis de governo — no caso brasileiro, os estados, os municípios e o Governo Federal. O equilíbrio fiscal depende, pois, de como são combinados o regime de transferências e o sistema tributário.

Mas o equilíbrio federativo não basta para garantir que as prioridades do desenvolvimento nacional sejam satisfatoriamente atendidas. Para tanto é necessário alcançar padrões nacionais uniformes de provisão dos serviços essenciais em qualquer porção do território brasileiro, exatamente para que se verifique a isonomia de oportunidades. Daí a necessidade de instituir garantias para que todos os entes federados contem com os recursos necessários para financiar o padrão de provisão de serviços definido.

Porém, embora garantir os recursos financeiros necessários seja importante, é insuficiente para que um mesmo padrão de serviços seja de fato alcançado. É necessário, ainda, que os recursos sejam bem aplicados, isto é, que sejam administrados de forma eficiente. E, para isso, é preciso recuperar a importância dos orçamentos públicos, devolvendo a estes a condição de instrumento fundamental para a eficiência e a eficácia da gestão pública.

A essas iniciativas, soma-se outra de igual relevância: a adoção de uma nova estratégia de redução das disparidades regionais de desenvolvimento. Menores disparidades regionais reduzem os desequilíbrios federativos e aumentam as possibilidades de combinar o regime de transferências e o sistema tributário, a fim de alcançar níveis mais elevados de equilíbrio fiscal e padrões mais altos de provisão de serviços essenciais.

Portanto, para alcançar a isonomia de oportunidades é preciso tratar simultaneamente do orçamento e da tributação, da tributação e das transferências, das transferências e das garantias sociais, das garantias e da política regional. Tudo isso junto e ao mesmo tempo, buscando explorar as inter-relações; examinar os efeitos cruzados de mudanças em cada um desses componentes sobre os demais; verificar a contribuição dessas mudanças para o destravamento de outras mudanças; e gerar um processo cumulativo de transformações que produza uma sinergia positiva, com reflexos também positivos nos campos social, econômico, político e regional. Em suma, precisamos de uma reforma fiscal abrangente.

É possível?

A mera referência a uma reforma fiscal abrangente é recebida com ceticismo. Se mudanças pontuais em alguns de seus componentes não conseguem avançar, como esperar que uma reforma dessa envergadura angarie a adesão necessária para viabilizá-la? Mas é exatamente o fato de termos insistido em reformas pontuais que explica os sucessivos fracassos. Mudanças pontuais demandam compensações impossíveis de serem atendidas para aqueles que se sentem prejudicados. Em uma mudança abrangente, os efeitos cruzados de mudanças concomitantes podem abrandar resistências e facilitar a adoção de medidas compensatórias.

É claro que uma reforma abrangente não significa que tudo deva ser feito de uma só vez. O desenho de uma estratégia de transição é fundamental. Nela, é preciso definir o caminho a seguir e escolher os passos iniciais que irão facilitar sucessivos avanços a um ritmo cada vez mais acelerado.

O objetivo deste livro é defender a reforma abrangente. Nas seções e capítulos que se seguem são explorados, sucessivamente, as razões, os requisitos, o conteúdo, as medidas, os caminhos e os primeiros passos a serem dados na direção dessa reforma. Espera-se que ao final da leitura essa proposta ganhe adeptos que contribuam para o seu aperfeiçoamento.

As limitações e as consequências de um debate que trata os problemas fiscais de forma isolada

Nos últimos anos, o debate sobre os problemas fiscais brasileiros vem dando crescente atenção ao tema do gasto público. Do lado do empresariado, a frustração com os sucessivos fracassos das tentativas de reformar o sistema tributário tem contribuído para uma maior dedicação a esse tema, uma vez que é remota a perspectiva de redução da carga tributária sem substanciais economias no gasto governamental. Do lado dos cidadãos, a crescente insatisfação com a qualidade dos serviços públicos reforça a pressão por iniciativas que melhorem a

O contexto   23

eficiência e a qualidade do gasto, visto que ninguém enxerga nesses serviços um retorno condizente com os impostos cobrados.

Do lado dos especialistas na matéria, tais demandas vêm incentivando distintas abordagens no estudo do tema. Uma delas adota uma perspectiva macroeconômica e se concentra na denúncia de possíveis desmandos que ameaçam a preservação da responsabilidade fiscal, com foco no déficit da Previdência Social e na expansão das despesas com o funcionalismo. Outra assume perspectiva oposta e examina as economias que poderiam ser obtidas caso se fizessem melhorias nas rotinas aplicadas pelas organizações públicas para administrar suas atividades cotidianas.

Na primeira abordagem, a tese é que o aumento dos gastos correntes encolhe o espaço para a realização dos investimentos necessários à sustentação do crescimento econômico, o que, além de engessar o orçamento, faz com que a única forma de evitar problemas fiscais futuros seja insistir no aumento de impostos, com as consequências conhecidas. A segunda lida com aspectos que não devem ser descurados, mas que não têm condições de gerar impacto significativo nos agregados fiscais. Em comum, ambas as abordagens miram o corte dos gastos, mas não a eficácia das políticas e dos programas que dizem respeito ao exercício das responsabilidades que o Estado deve assumir a fim de atender às demandas de seus cidadãos. Isto é, não tratam das questões substantivas pertinentes à melhoria da qualidade do gasto público e à isonomia de oportunidades de ascensão social.

Outro traço comum das abordagens mencionadas é que estas apontam para os sintomas, mas não exploram as causas do problema. Num caso, os gastos aumentam porque os governos adotam uma política deliberada de expansão dos gastos correntes. No outro, a baixa qualificação dos gestores públicos seria a causa principal da ineficiência e do desperdício. Por isso, não há espaço no orçamento para aumentar os investimentos de que o país precisa para sustentar um ritmo de crescimento compatível com seu potencial e com as necessidades de seu povo.

Mas o que todos perguntam é: como podem faltar recursos para investimento se nos últimos cinco anos a carga tributária suportada pelos brasileiros se aproxima dos padrões dos países ricos enquanto a qualidade da infraestrutura e dos serviços públicos permanece muito aquém do satisfatório?

Por que crescem os gastos correntes e aumenta a rigidez do orçamento?

É claro que faltam recursos para investir porque os gastos correntes crescem mais do que a economia. Mas por que crescem os gastos correntes? Seria esse crescimento fruto principalmente da irresponsabilidade dos governantes? A resposta a essa pergunta é mais complexa. As raízes da expansão recente dos gastos correntes foram plantadas na reforma constitucional de 1988, que instituiu um regime tributário dual caracterizado pela distinção entre duas espécies tributárias: impostos e contribuições. As contribuições passariam a ser a fonte exclusiva de financiamento da previdência, da saúde e da assistência, cujas ações ficariam abrigadas na seguridade social. Aos impostos caberia financiar as demais ações não compreendidas nesse grupo. A figura a seguir ilustra a dualidade tributária e suas implicações.

Boas intenções não resistem à força dos fatos. À medida que a ampliação da cobertura da previdência social e dos benefícios assistenciais passou a exercer forte pressão sobre o Tesouro da União, as contribuições passaram a ocupar espaço crescente na composição da carga tributária nacional. A explicação para isso está no fato de a Constituição de 1988 ter elevado o patamar da participação de estados e municípios nos dois principais impostos federais — IR e IPI. Como essa participação subiu para pouco menos da metade do que

O contexto

FIGURA 1. A dualidade tributária

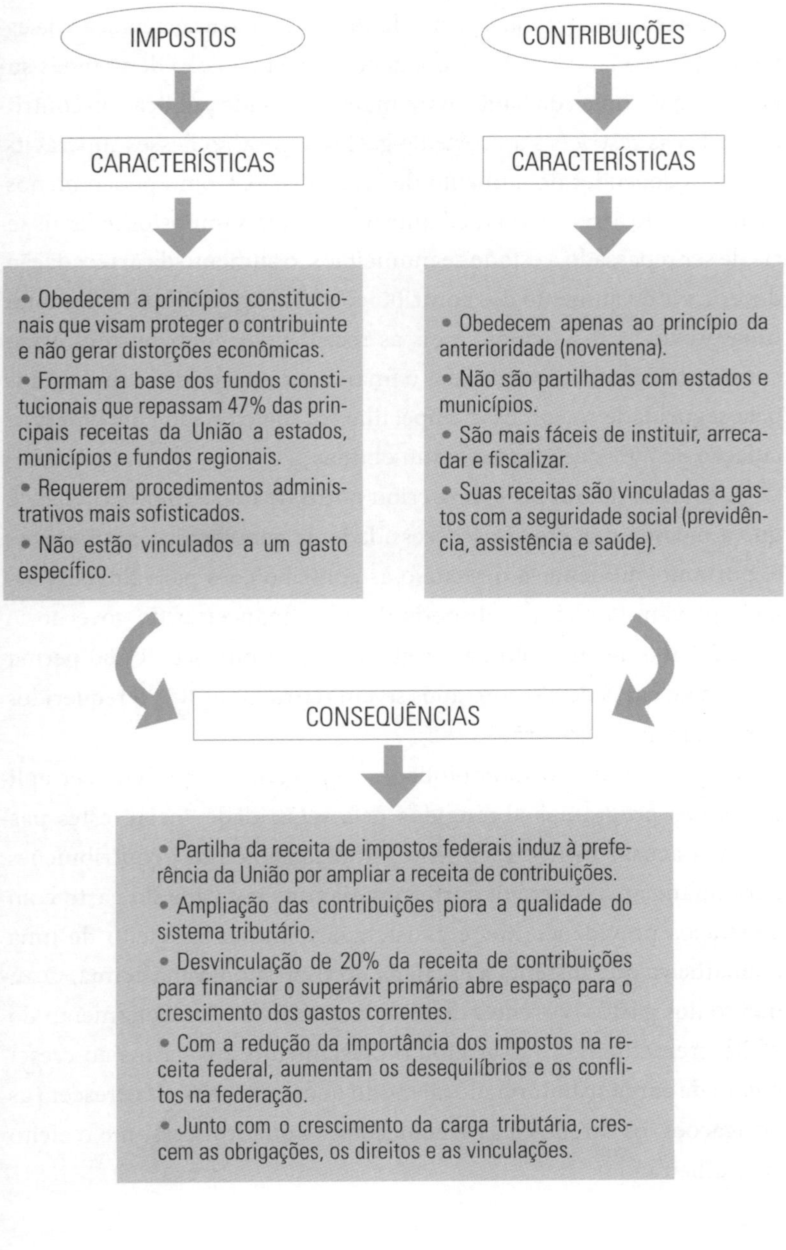

```
        IMPOSTOS                              CONTRIBUIÇÕES
           ↓                                        ↓
      CARACTERÍSTICAS                         CARACTERÍSTICAS
           ↓                                        ↓
```

- Obedecem a princípios constitucionais que visam proteger o contribuinte e não gerar distorções econômicas.
- Formam a base dos fundos constitucionais que repassam 47% das principais receitas da União a estados, municípios e fundos regionais.
- Requerem procedimentos administrativos mais sofisticados.
- Não estão vinculados a um gasto específico.

- Obedecem apenas ao princípio da anterioridade (noventena).
- Não são partilhadas com estados e municípios.
- São mais fáceis de instituir, arrecadar e fiscalizar.
- Suas receitas são vinculadas a gastos com a seguridade social (previdência, assistência e saúde).

CONSEQUÊNCIAS

- Partilha da receita de impostos federais induz à preferência da União por ampliar a receita de contribuições.
- Ampliação das contribuições piora a qualidade do sistema tributário.
- Desvinculação de 20% da receita de contribuições para financiar o superávit primário abre espaço para o crescimento dos gastos correntes.
- Com a redução da importância dos impostos na receita federal, aumentam os desequilíbrios e os conflitos na federação.
- Junto com o crescimento da carga tributária, crescem as obrigações, os direitos e as vinculações.

a União arrecada com esses dois impostos, criou-se um incentivo ao uso das contribuições sociais para financiar novos compromissos.

A situação se agravou a partir de 1998, quando a sustentação da estabilidade monetária começou a depender da geração de grandes superávits nas contas da União para manter a dívida pública sob controle. Dadas as restrições ao corte de gastos, a geração desses superávits passou a depender do aumento da arrecadação. Como pouco menos da metade do arrecadado mediante os principais impostos federais teria de ser repassado a estados e municípios, o aumento da arrecadação deveria vir do aumento das contribuições. Tal opção implicava adotar uma providência adicional, pois as receitas das contribuições estão constitucionalmente destinadas a financiar os programas abrangidos pela seguridade social. Esse empeço foi solucionado com a desvinculação de 20% das receitas assim obtidas.

A solução de um problema criou outro de maiores proporções. É que à medida que crescia a necessidade de gerar maiores superávits e, portanto, aumentava o recurso às contribuições para financiá-los, aumentavam também as disponibilidades financeiras do governo. A cada R$ 100 de aumento na receita das contribuições, R$ 80 permaneciam no caixa do Tesouro após serem retirados os R$ 20 requeridos para financiar os superávits.

Como as novas disponibilidades financeiras só podiam ser aplicadas nos programas abrangidos pela seguridade social, estes passaram a acusar forte crescimento. A cada subida das contribuições para financiar o superávit correspondia uma escalada do gasto com benefícios previdenciários e assistenciais similar ao efeito de uma cremalheira que sustenta a escalada do trem montanha acima. O aumento dos gastos correntes deve-se, portanto, ao funcionamento do "efeito cremalheira", que atrelou o crescimento dos gastos ao crescimento da carga tributária, de tal modo que junto com esta crescem as obrigações, os direitos e as vinculações. O quadro 1 resume o efeito cremalheira.

O contexto

QUADRO 1. O efeito cremalheira

A natureza do ajuste fiscal promovido desde 1999 gera um efeito cremalheira que se manifesta da seguinte maneira: a cada aumento na arrecadação de contribuições sociais para sustentar o ajuste fiscal, cresce a receita vinculada à seguridade social num volume que corresponde a 80% desse aumento (20% é desvinculado). O aumento das receitas da seguridade social abre espaço para a expansão do gasto nos programas abrangidos por esse conceito, em especial os benefícios previdenciários e os programas assistenciais; crescem, portanto, as despesas obrigatórias, aumentando a rigidez do orçamento. Num momento seguinte, para financiar um mesmo superávit (em % do PIB), é necessário ampliar ainda mais a arrecadação das contribuições, o que engendra novos aumentos das despesas obrigatórias, e assim por diante. Em consequência, o aumento da carga tributária, o engessamento do orçamento e a perda de qualidade da tributação acompanham a subida da ladeira.

Assim, ainda que os impostos tenham se expandido de forma significativa, a parcela do orçamento federal que, em tese, é de livre utilização tem se situado em um patamar inferior a 10% das receitas orçamentárias. Considerando que desse montante têm de ser retirados os recursos necessários ao financiamento das atividades que compõem o dia a dia das organizações públicas, constata-se a virtual incapacidade do Estado de ampliar os investimentos.

Em outras palavras, a rigidez orçamentária acompanha o crescimento das receitas, não permitindo que a composição do gasto reflita mudanças na sociedade e nas prioridades das políticas públicas nacionais. Em decorrência, o orçamento público tornou-se impermeável a alterações nas demandas sociais e, até mesmo, à alternância do poder político. O futuro ficou amarrado ao passado.

A dualidade tributária e as garantias de financiamento da saúde — o que de fato aconteceu?

Um dos objetivos da dualidade tributária instituída em 1988 era criar um regime próprio e solidário para o financiamento da previdência, da assistência social e da saúde. Nesse novo regime, os recursos da saúde ficariam protegidos da competição pelos recursos do orçamento fiscal e deveriam manter uma participação significativa no total das receitas das contribuições sociais (a intenção era que essa participação fosse de, no mínimo, 30% do total arrecadado). Mais uma vez, o resultado não foi o esperado. Logo nos primeiros anos que se seguiram à criação desse regime, a regulamentação dos novos benefícios previdenciários e assistenciais instituídos pela Constituição fez com que a expansão desses gastos demandasse uma parcela muito maior das receitas das contribuições do que o imaginado, encolhendo o espaço da saúde nesse condomínio. E, logo após, a previdência recobrou a exclusividade dos recursos originários das receitas sobre a folha de salários, rompendo com o princípio de solidariedade que inspirara a proposta original.

O avanço dos gastos com os benefícios em questão se expandiu à medida que crescia o número de beneficiários e que a política de recuperação dos salários e de valorização dos servidores públicos aumentava a conta do pagamento de inativos do Tesouro. Ademais, o espaço gerado pelo efeito cremalheira dava cobertura a aumentos reais no salário mínimo que repercutiam nas despesas do INSS e à ampliação de novos programas de transferência de renda a famílias pobres. Com isso, os direitos individuais sobre os recursos da seguridade social continuaram encolhendo a parcela disponível para financiar os gastos da saúde. A busca de novas fontes de recursos não solucionou o problema, pois os ganhos temporários obtidos com a criação da CPMF não evitaram a sangria provocada pela expansão dos benefícios previdenciários. Ao contrário, mais recursos para a seguridade

O contexto

apenas davam mais impulso ao crescimento desses benefícios, que navegavam em um ambiente protegido, enquanto a saúde passava a depender em escala crescente das demais receitas da União. O tiro saiu pela culatra. A Emenda Constitucional nº 29, de 2000, consagrou a separação. Os recursos da saúde deixaram de depender das receitas da seguridade e passaram a depender do crescimento da economia. Em 2009, o espaço da saúde nas receitas da seguridade havia se reduzido a apenas 12%. Como 20% dessas receitas deixam de compor o orçamento da seguridade, em virtude da desvinculação promovida por sucessivas emendas à Constituição (DRU), a rigor a participação das receitas da seguridade no financiamento da saúde é zero. A previdência não sofre o efeito dessa desvinculação, pois a conta dos direitos individuais tem de ser paga independentemente da origem dos recursos (ver quadro 2).

QUADRO 2. Por que o regime de contribuições exclusivas para a seguridade social acabou prejudicando o financiamento da saúde?

- A intenção dos constituintes era alargar a base de financiamento do antigo regime previdenciário de modo a gerar os recursos necessários para custear a universalização do acesso de todo cidadão brasileiro à previdência, à assistência e à saúde, o que até então era um privilégio dos trabalhadores inseridos no mercado formal de trabalho (os que tinham carteira assinada).

- A partição dos recursos originários da receita das contribuições sociais criadas para financiar a seguridade social deveria ser regulada posteriormente por lei, mas, enquanto isso não fosse feito, a saúde deveria ficar com, no mínimo, 30% do total, conforme estabelecido no art. 55 das Disposições Transitórias. A meta dos 30% nunca foi alcançada e, à medida que os novos benefícios previdenciários e assistenciais iam comendo uma parcela crescente da receita de contribuições, a parcela da saúde ia encolhendo.

- Com o agravamento da crise de financiamento do setor, a área da saúde passou a demandar novos recursos, já que o guarda-chuva da seguridade não mais lhe servia. O resultado da pressão exercida foi a criação da CPMF, que trouxe um alívio temporário, mas a estratégia de buscar novas fontes de financiamento no âmbito da seguridade revelou-se equivocada.

- A ampliação da receita da seguridade, com a adição da CPMF, deu gás a uma nova rodada de ampliação dos benefícios previdenciários e assistenciais, cujos gastos cresceram impulsionados pela política de reajustes do salário mínimo. Maiores recursos para a seguridade não sustentavam ganhos para a saúde e serviam de justificativa para o discurso de que a previdência exibia um grande superávit, em vez do déficit apontado por especialistas.

- Como a conta dos benefícios individuais criados por lei tem de ser paga independentemente de qualquer consideração, o crescimento dos benefícios previdenciários foi expulsando a saúde do âmbito da seguridade. A Emenda Constitucional nº 29, de 2000, consagrou essa expulsão ao mudar o regime de garantias para a saúde, mas não deu solução definitiva ao problema. Ao contrário, piorou a situação, pois abriu mais espaço para a ampliação dos benefícios previdenciários, aumentando a dependência da saúde das demais receitas que compõem o orçamento da União. A nova regra, que atrela os gastos da saúde ao PIB, torna o financiamento do setor altamente vulnerável ao ciclo econômico, colocando o setor na incômoda situação de perder recursos quando a população mais necessita deles.

- Outro fato novo tornou essa dependência mais perigosa. O financiamento da saúde passou a competir com os recursos necessários para cobrir os encargos com a dívida pública, pois a desvinculação de 20% das receitas da seguridade (DRU) para aumentar os recursos

O contexto

de livre disposição no orçamento federal deixou de gerar esse efeito. O que a DRU tira da seguridade volta para pagar os benefícios previdenciários e assistenciais, aumentando a dificuldade para sustentar as metas do superávit primário e o equilíbrio fiscal.

- Como a melhoria das contas fiscais é fundamental para que o governo amplie os investimentos e sustente o crescimento econômico, e o aumento dos recursos da saúde depende do crescimento da economia, é necessário desarmar a armadilha criada pela dualidade de regimes tributários criada em 1988.

Como o crescimento da arrecadação depende do crescimento da economia, e o crescimento da economia depende da retomada dos investimentos, a dualidade de regimes tributários não trouxe qualquer benefício para o financiamento da saúde. E, ao provocar um forte enrijecimento do orçamento, reduz as chances de que os recursos do setor possam crescer significativamente nos próximos anos sem mudanças que reduzam a rigidez do orçamento.

Como a rigidez do orçamento acaba afetando a eficiência do gasto e a qualidade da tributação?

A consequência imediata do engessamento do orçamento é a tentativa de contorná-lo mediante a reestimativa da arrecadação de tributos contida na proposta enviada pelo Poder Executivo ao Legislativo. Revisando os parâmetros em que se baseiam as estimativas de receitas — como crescimento do PIB e taxas de câmbio, juros, inflação e desemprego —, o Legislativo consegue aumentar as receitas e, desse modo, ampliar o espaço para acomodar novas despesas no orçamento sem ferir a Lei de Responsabilidade Fiscal, incluindo aquelas despesas que derivam de emendas apresentadas pelos parlamentares à proposta do Executivo.

No entanto, o que era uma prática que permitia acomodar tensões políticas sem comprometer a gestão orçamentária, em períodos de inflação elevada e sem maiores exigências quanto à preservação da responsabilidade fiscal, tornou-se impossível de ser sustentada no atual contexto de estabilização monetária e de compromissos firmes com o cumprimento das metas do ajuste fiscal.

Em um contexto de forte rigidez do gasto público, incertezas quanto à efetiva disponibilidade de recursos para atender aos compromissos do governo impõem cautela à gestão orçamentária, para evitar que o compromisso com a disciplina fiscal seja afetado. A manifestação dessa cautela é o contingenciamento.

O contingenciamento equivale a pôr de lado uma parcela das receitas estimadas para o exercício fiscal para ver se, ao longo do ano, essas estimativas correspondem à realidade. Assim, quanto maior for o otimismo adotado nas previsões de receitas, maior será a necessidade de contingenciamento. Por outro lado, quanto maior o contingenciamento, maiores são os problemas que este traz para a gestão das políticas públicas. Nesse processo, o orçamento foi sendo desconstruído (ver quadro 3).

QUADRO 3. A desconstrução do orçamento e a qualidade do gasto

- Obrigações e direitos que foram se acumulando ao longo do tempo fizeram com que cerca de 90% dos recursos que compõem o orçamento estejam previamente comprometidos. Dos 10% restantes, uma parte é utilizada para cobrir as despesas com a operação dos órgãos públicos. O que sobra não dá para acomodar novas demandas.

- Como o orçamento está engessado, a proposta orçamentária que o Executivo envia ao Congresso não tem espaço para grandes modificações. Não há recursos para acolher as emendas dos parlamentares, pois novas despesas não podem ser acrescidas sem que a fonte de recursos para financiá-las esteja identificada.

O contexto

- Para superar essa limitação, o Congresso revê as estimativas da receita orçamentária, ampliando o espaço para que as emendas à proposta orçamentária sejam acolhidas.

- Para evitar maiores conflitos, o Executivo sanciona a Lei Orçamentária, mas logo em seguida emite um decreto que separa uma parcela expressiva dos recursos, cuja utilização fica condicionada a um desempenho maior da receita do que o originariamente previsto — o chamado contingenciamento.

- Na prática, o contingenciamento significa que o cobertor ficou ainda mais curto. Isto é, após o contingenciamento, o dinheiro que restou não dá para cobrir todas as despesas inscritas no orçamento. Como não dá para segurar as despesas que, em virtude de dispositivos legais ou contratuais, têm de ser atendidas (as chamadas despesas obrigatórias), o contingenciamento recai em cheio sobre um grande número de programas que dependem da pequena parcela do orçamento que pode ser livremente utilizada.

- Um rígido controle sobre a liberação dos recursos é então implantado. Os recursos previstos na Lei Orçamentária são liberados a conta-gotas, em doses pequenas no início do ano, que vão aumentando à medida que o acompanhamento da receita indica haver espaço para isso. O ritmo da liberação aumenta ao se aproximar o final do ano, mas aí já não há tempo para cumprir as formalidades da lei para comprar bens e serviços e realizar investimentos.

- A solução é empurrar parte do gasto para o ano seguinte, mas a lei não dá cobertura a essa prática. Para contornar a restrição legal, cria-se um artifício contábil. A despesa é liquidada no exercício, como manda a lei, mas o pagamento é postergado. Dessa forma, os chamados "restos a pagar" deixam de ser restos e vão acumulando valores cada vez maiores a cada ano.

- À medida que os restos a pagar crescem, o governo fica com a difícil tarefa de administrar dois orçamentos sem ter dinheiro para um: o orçamento do exercício corrente e o orçamento paralelo que corresponde aos "restos" de exercícios anteriores.

- O corolário de todo esse processo é tornar o orçamento irrelevante. Ele não é referência para indicar as prioridades no uso dos recursos públicos, pois as decisões que determinam a composição do gasto são externas ao orçamento. Ele não fornece aos gestores públicos as condições de suficiência e previsibilidade de recursos para executarem suas tarefas com eficiência. E a sociedade não consegue, observando os dados divulgados sobre a execução orçamentária, compreender como os recursos provenientes da tributação estão sendo utilizados.

Em função do contingenciamento, os gestores públicos não sabem com quanto irão de fato contar para administrar os programas e projetos sob sua responsabilidade, e quando o que é possível receber estará disponível. Como os recursos são liberados em parcelas bimestrais e em menor volume na primeira metade do ano, para aguardar o surgimento de dados que permitam avaliar melhor o comportamento da arrecadação, é impossível programar a execução de suas tarefas com um mínimo de qualidade. Em tais condições, a ineficiência é inevitável e, portanto, a eficácia e a efetividade das políticas públicas são severamente comprometidas.

Por outro lado, a prática de segurar a liberação dos recursos no início para acelerar o desembolso na segunda metade do ano deu margem ao acúmulo de outra distorção, que multiplica o efeito do contingenciamento. Como os procedimentos exigidos pela legislação para a realização de investimentos e a aquisição de bens e serviços tomam um longo tempo para poderem ser concluídos, o atraso no

O contexto

recebimento da autorização para gastar significa que não se consegue aplicar os recursos no mesmo exercício financeiro.

A solução para esse problema consiste na transferência do pagamento para os exercícios seguintes, mediante a figura dos chamados "restos a pagar". Como os restos a pagar vão se acumulando ao longo do tempo, as incertezas e a instabilidade da execução orçamentária aumentam, uma vez que o controle sobre a liberação dos recursos se torna ainda mais rigoroso, pois a receita do ano tem de atender ao orçamento do mesmo ano e ao que foi transferido do orçamento dos anos anteriores.

Tais expedientes passaram a ser essenciais para controlar o resultado das contas públicas e sustentar o compromisso com a responsabilidade fiscal. Mas, em contrapartida, adicionaram dificuldades para reduzir a ineficiência da gestão das organizações públicas, impedindo, portanto, que o ajuste fiscal se beneficiasse também de uma economia nos gastos.*

Sob pressão para aumentar as receitas, a comodidade tributária é a solução

O aumento da rigidez orçamentária e as dificuldades para conter a expansão dos gastos despejaram nas costas dos administradores tributários a tarefa de gerar recursos para manter o compromisso com a responsabilidade fiscal. O resultado foi elevar a carga tributária brasileira a patamares incompatíveis com a dimensão da economia nacional.

Como a pressão para gerar receitas relegou a segundo plano a preocupação com a qualidade dos impostos, o aumento na carga tributária

---

* Os comentários anteriores têm como referência o processo orçamentário do Governo Federal, mas, guardadas as devidas proporções, os traços gerais podem também ser encontrados nos demais entes da Federação.

repercutiu negativamente na capacidade da economia para sustentar taxas de crescimento econômico capazes de reduzir o desemprego e a informalidade nas relações de trabalho, diminuir a incidência da pobreza e promover a inclusão social.

A ênfase atribuída à geração de receitas estimulou os administradores de impostos a concentrar sua atenção em tributos mais simples e menos exigentes em termos de fiscalização, fazendo com que a comodidade tributária prevalecesse sobre os princípios clássicos de tributação. Em decorrência, a atividade econômica foi prejudicada e o ônus tributário recaiu mais do que proporcionalmente sobre a população de menor poder aquisitivo, diminuindo o impacto dos programas de transferência de renda para combater a pobreza.

Em um ambiente de fortes restrições orçamentárias, é acirrada a competição pela pequena parcela do orçamento que não está previamente comprometida, o que aumenta a resistência dos setores sociais que estão protegidos dessa competição a mudanças no atual regime de garantias constitucionais. Tal resistência contribui para aumentar a rigidez do gasto e limitar o espaço para a realização de investimentos e a adoção de políticas que evitem o agravamento das disparidades regionais, que tendem a crescer impulsionadas por forças centrífugas desencadeadas pela abertura econômica e pelos processos de integração continental sobre os territórios nacionais.

Sem uma reforma abrangente é impossível equacionar os conflitos e antagonismos que foram se acumulando a cada fracasso das propostas de reformas pontuais

A consequência dos fatos já mencionados foi o agravamento de conflitos, o que gerou tensões que criaram um ambiente político pouco propício a uma análise fria dos problemas e à disposição de enfrentar um debate conducente a mudanças abrangentes. Nesse ambiente, o

O contexto

comportamento dos principais atores envolvidos pauta-se pela defesa intransigente do status quo, em face do receio de que mudanças parciais nas regras vigentes venham a gerar efeitos contrários a seus interesses.

O acirramento dos conflitos e o clima de desconfiança mútua que prosperou nesse ambiente contribuíram para o fracasso de sucessivas tentativas de promover reformas parciais no sistema tributário. Durante as últimas décadas, propostas parciais de reformas na tributação estiveram presentes em inúmeros debates, simpósios e conferências, e frequentaram a agenda das reformas institucionais necessárias para que o Brasil ultrapassasse as dificuldades enfrentadas para alcançar patamares de crescimento econômico e inclusão social compatíveis com os padrões verificados em outros países emergentes.

Apesar de muita discussão e de diversas tentativas, o debate não prosperou e reformas parciais foram substituídas por mudanças pontuais conduzidas de forma independente pelos entes federados e que contribuíram para ampliar os desequilíbrios na repartição dos recursos públicos. Estes cresceram à medida que maiores responsabilidades eram repassadas a estados e municípios, principalmente no campo das políticas sociais, e que foi posta de lado a necessidade de rever simultaneamente o caótico regime de transferências de recursos entre os entes federados.

Ao mesmo tempo que cresciam os conflitos federativos, aumentava a preocupação com respeito à possibilidade de que mudanças no regime tributário comprometessem as garantias instituídas pela Constituição de 1988 para o financiamento da seguridade social. Além das críticas à desvinculação de parte das receitas das contribuições sociais para fins de sustentação do equilíbrio fiscal, a reação a mudanças que alterassem o atual regime de financiamento da seguridade social mobilizou uma poderosa resistência.

O corolário das dificuldades que a amplitude dos desequilíbrios, a fragmentação dos interesses, a ampliação dos conflitos e a exacerbação do individualismo criam para a realização de uma reforma fiscal condizente com os enormes desafios que o país tem pela frente foi a formação de um círculo vicioso. Esse círculo se alimenta da ampliação dos desequilíbrios e dos antagonismos gerados pela adoção de mudanças pontuais, as quais, por seu turno, reforçam o individualismo e aumentam a resistência a mudanças abrangentes.

O rompimento desse círculo requer a montagem de uma perspicaz obra de engenharia fiscal, que seja capaz de equilibrar os distintos interesses envolvidos, encerrar uma boa dose de ousadia e promover uma forte mobilização da sociedade brasileira para superar os obstáculos que a diversidade de conflitos antepõe ao avanço de uma ampla reforma fiscal.

Urge, portanto, que se reconheça a importância de adotar uma nova abordagem na condução da reforma fiscal. Nessa nova abordagem, a reforma deve ser abrangente, pois a questão fiscal é multifacetada e não comporta, se o objetivo é implementar reformas estruturais, mudanças parciais e voltadas para o atendimento prioritário de apenas um dos problemas conhecidos.

Por que é importante adotar um novo rumo na condução da reforma?

Uma nova abordagem não implica apenas ampliar a agenda da reforma para tratar simultaneamente de todos os seus componentes. Implica também uma mudança de rumo. Nas últimas duas décadas, o encaminhamento de propostas de reforma partiu de mudanças no sistema tributário para, em seguida, tentar acomodar os interesses federativos e as pressões sociais mediante concessões que acabavam por desfigurar a proposta original e contribuir para o seu abandono. Um novo caminho é aqui proposto.

O desenho desse novo caminho tem como referência a motivação expressa no início deste livro: promover uma reforma fiscal que contribua para gerar isonomia nas oportunidades de ascensão social

O contexto   39

de todos os brasileiros. Por isso destaca-se a necessidade de iniciar o debate da reforma por duas questões que se relacionam fortemente com esse objetivo: o equilíbrio federativo e as garantias sociais. Esses dois temas têm sido tratados como questões independentes, mas há uma forte razão para considerá-los de forma integrada.

A razão é a seguinte. Se as regras que determinam como os recursos fiscais devem ser repartidos no território nacional geram acentuadas disparidades fiscais na Federação e o regime de garantias sociais não leva em conta essa realidade, a eficácia das garantias fica comprometida. É o que ocorre hoje em dia. De um lado, como veremos adiante, o regime de transferências de recursos entre os entes federados agrava, em vez de corrigir, as disparidades orçamentárias que decorrem da concentração das bases tributárias. De outro, as garantias baseiam-se na vinculação de percentuais uniformes das receitas orçamentárias de estados e municípios. Em decorrência, as garantias se sobrepõem a um quadro de acentuadas disparidades fiscais e, portanto, reproduzem essas disparidades. Dessa forma, a repartição da capacidade de financiamento das políticas sociais se relaciona com o tamanho dos orçamentos, e não com a localização das demandas por serviços nas diferentes jurisdições político-administrativas. Além de inviabilizar o atendimento do princípio da isonomia de oportunidades sociais, tal situação é fonte de ineficiência, desperdícios e conflitos entre os entes federados.

Ademais, como as garantias sociais focalizam os setores, ignoram o fato amplamente reconhecido pelos especialistas da área de que a solução dos problemas sociais requer uma abordagem integrada e complementar na formulação e na gestão das políticas públicas, contribuindo ainda para dificultar a melhoria na eficácia do gasto social.

Como argumentarei neste livro, iniciar o debate da reforma por esses temas é importante para lançar nova luz sobre as questões que se relacionam com o objetivo de aumentar a eficiência e a eficácia do gasto público e, portanto, abrir espaço fiscal para reduzir a carga tributária e aumentar a eficiência da tributação. Assim, em vez de tratar essas questões como aspectos secundários de mudanças na área tributária, a nova abordagem aqui contemplada examina as melhores opções para equacionar os conflitos federativos e reforçar o impacto das garantias sociais, relacionando essas opções a mudanças na tributação que concorram para gerar os resultados pretendidos. À primeira vista, a ousadia de tal proposta deve ser encarada com ceticismo. Mas o fracasso das sucessivas tentativas de implementar reformas parciais nas mais de duas décadas transcorridas desde a promulgação da Constituição de 1988 deixou claro que esse caminho está definitivamente esgotado e que é preciso encarar esse tema por uma nova perspectiva.

OS REQUISITOS

O que é necessário para promover a isonomia de oportunidades sociais e melhorar a qualidade do gasto público?

Promover o equilíbrio federativo

Na Federação brasileira, boa parte da responsabilidade pela provisão de serviços e pela realização de investimentos em setores de alta prioridade social, como educação, saúde e infraestrutura urbana, é atribuída a estados e municípios, que, em sua grande maioria, não dispõem dos recursos necessários para dar conta dessas responsabilidades. Portanto, a eficiência do gasto, da qual depende a isonomia de oportunidades de melhorias sociais, requer um regime fiscal que assegure um razoável equilíbrio entre a distribuição das atribuições públicas na Federação e a correspondente repartição das receitas orçamentárias.

O equilíbrio mencionado, por sua vez, depende do desenho e do funcionamento de um regime fiscal que combine, de modo adequado, a repartição dos impostos e a redistribuição das receitas promovida pelas distintas modalidades de transferência. Depende ainda de as regras aplicadas à operação desse regime gerarem as condições e os estímulos necessários à cooperação dos três níveis de governo na gestão das políticas que se relacionam ao exercício de suas responsabilidades.

Quanto maiores forem as disparidades socioeconômicas, inter e intrarregionais, maiores serão os desequilíbrios na repartição das bases tributárias e maior será, portanto, a necessidade de o desenho do sistema de transferências voltar-se para a correção dos desequilíbrios fiscais. Além disso, como essas disparidades mudam ao longo do tempo em face da dinâmica socioeconômica regional, é importante que o regime de transferências seja periodicamente revisto para que se preserve o equilíbrio.

Mudanças ocorridas na geografia econômica brasileira nas últimas décadas agravaram os desequilíbrios federativos

Mudanças importantes ocorridas no processo de ocupação do território brasileiro nas últimas décadas contribuíram para ampliar os desequilíbrios federativos em face da resistência em rever o sistema de transferências. Em linhas gerais, as mudanças identificadas em estudos sobre a questão regional brasileira apontam para o seguinte panorama:

- concentração das atividades produtivas modernas, nos campos da indústria e da prestação de serviços, nas regiões Sul e Sudeste; do agronegócio e da extração mineral terrestre, no Centro-Oeste e na parte ocidental da região Norte; e de indústrias tradicionais e serviços ligados ao turismo, no Nordeste. Importantes exceções a esse padrão são o polo eletrônico de Manaus e a exploração de petróleo no mar que confronta o litoral do Rio de Janeiro e do Espírito Santo;
- grande disparidade na distribuição das atividades mencionadas em cada uma dessas macrorregiões, com polos produtivos dinâmicos convivendo com extensas áreas que apresentam baixo dinamismo econômico e até mesmo estagnação;
- crescente descolamento da repartição territorial das atividades produtivas dos limites políticos das jurisdições de cada ente fede-

rado, tendo em vista o comando que as cidades exercem sobre o processo de ocupação do território;

- aceleradas transformações na dinâmica demográfica (impulsionadas pelos fatos mencionados), que promovem a concentração populacional nas grandes metrópoles e em cidades de porte médio que compõem a rede urbana brasileira, com o consequente esvaziamento do campo e as mudanças na natureza e na concentração da pobreza.

Dessas tendências emerge um retrato que revela uma acentuada concentração territorial das bases tributárias com maior potencial de geração de receitas e grandes disparidades na natureza, na magnitude e na localização das demandas por serviços públicos nas distintas porções do território brasileiro. Ou seja, a demanda por recursos se distancia da capacidade de obtê-los por meio de receitas próprias.

Em uma federação, a diferença entre a capacidade de arrecadação tributária e a necessidade de recursos para financiar a provisão de serviços de responsabilidade de seus componentes reflete-se no chamado desequilíbrio vertical, isto é, nas diferenças entre o que cada um arrecada e o que gasta. Com a centralização tributária caminhando na contramão da tendência à descentralização do gasto, esse desequilíbrio cresceu. Em tese, sua correção seria relativamente simples, pois dependeria apenas da apuração das brechas existentes entre a arrecadação e os gastos e de cobri-las por meio da transferência de recursos do governo federal para estados e municípios.

Na prática, porém, não é bem assim, ainda mais no caso brasileiro, em razão dos três níveis de governo que compõem a nossa Federação. Um ajuste perfeito dependeria da possibilidade de serem dimensionados com precisão os recursos financeiros que os três entes federados precisariam ter à disposição para desempenharem suas responsabilidades a contento. Para isso, seria necessário que as respectivas responsabilidades fossem claramente definidas e que houvesse informações detalhadas sobre diferenças nos padrões de demanda por serviços públicos e nos custos envolvidos em sua prestação.

Como as dificuldades para promover um ajuste perfeito são muito grandes, mesmo em federações maduras e menos desiguais que a brasileira, o ajuste vertical resulta de um processo histórico de ajustamentos e adaptações, conduzido por instituições formais ou mecanismos informais de negociação, e que busca acomodar a repartição vertical dos recursos a mudanças na maneira de repartir as principais responsabilidades do Estado.

Esse processo de ajustamentos e adaptações não faz parte da experiência brasileira, que não contempla também instâncias encarregadas de negociações voltadas para a busca do equilíbrio federativo. Por isso, mudanças em profundidade na forma de distribuir os recursos entre os entes federados só se verificam em momentos de ruptura institucional, em que a assunção de governos autoritários é acompanhada de uma forte centralização fiscal, que é imediatamente revertida ao seu término. Centralização e descentralização se alternam ao longo da história, com o pêndulo se deslocando para uma ou outra direção a cada mudança de regime político.

O gráfico 1 mostra as mudanças ocorridas na repartição vertical de recursos na Federação brasileira no período recente. Verifica-se que, após o impacto inicial das medidas de descentralização tributária adotadas pela Constituição de 1988, a participação do governo federal na divisão do bolo fiscal praticamente retornou aos níveis anteriores à reforma constitucional, ao passo que a soma da participação de estados e municípios manteve-se no mesmo patamar. No entanto, cabe destacar uma importante mudança. Como mostram os números que retratam a divisão federativa da receita tributária disponível, o aumento da participação dos municípios se deu à custa de uma queda na participação dos estados, refletindo a tendência à municipalização das políticas sociais.

GRÁFICO 1. Divisão federativa da arrecadação direta:
1988/1989, 1995-1998, 1999-2002, 2003-2006 e 2007-2009

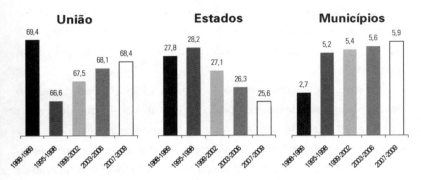

Divisão federativa da receita tributária disponível:
1988/1989, 1995-1998, 1999-2002, 2003-2006 e 2007-2009

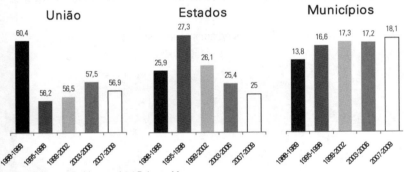

Fonte: Séries produzidas por José Roberto Afonso.

A outra face dos desequilíbrios: as disparidades horizontais

A outra dimensão dos desequilíbrios federativos trata das disparidades entre os estados e entre os municípios — os chamados desequilíbrios horizontais. Dada a diversidade de situações vivenciadas pelos 27 estados, pelo Distrito Federal e pelos mais de 5 mil municípios brasileiros, a magnitude dos desequilíbrios horizontais é muito maior, o que torna ainda mais difícil a tarefa de corrigi-los.

Esses desequilíbrios aumentaram à medida que a ampliação do poder tributário de estados e municípios, promovida pela Constituição de 1988, elevou o potencial de geração de receitas próprias dos estados mais desenvolvidos e dos municípios que concentram uma parcela expressiva da prestação de atividades econômicas que geram grande valor.

No caso dos estados, o efeito do método adotado para arrecadar o principal imposto de sua competência — o ICMS —, que determina que a maior parte do imposto deve ser pago no local em que as mercadorias são produzidas; o congelamento dos índices de repartição do FPE, adotado em 1989; e a escalada da competição fiscal pela atração de investimentos contribuíram para aumentar as disparidades horizontais, ampliando a complexidade das soluções requeridas para corrigir esses desequilíbrios. O gráfico 2 mostra a dimensão dessas disparidades.

GRÁFICO 2. Receitas orçamentárias estaduais per capita
Valores em R$ de 2005

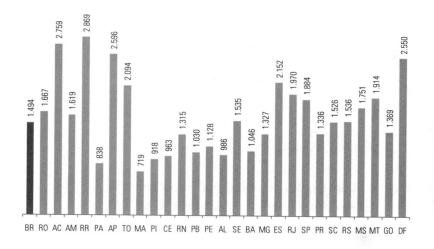

Fonte: REZENDE, Fernando; OLIVEIRA, Fabrício; ARAÚJO, Erika. *O dilema fiscal:* remendar ou reformar. Rio de Janeiro: Editora FGV, 2007.

A ampliação das disparidades intraestaduais reflete-se na repartição das receitas municipais em virtude dos critérios aplicados ao rateio da parcela da receita estadual que é obrigatoriamente repassada a seus municípios. Os municípios que dispõem de forte base econômica ou que abrigam uma indústria de grande porte somam uma cota elevada no rateio do ICMS a um alto potencial de arrecadação própria, pelo fato de neles se localizarem as atividades de prestação de serviços modernos e as propriedades de maior valor.

O critério de repartição do ICMS é apenas um dos fatores que concorrem para as disparidades intramunicipais. A proliferação de mecanismos de transferência de recursos federais e estaduais aos municípios, ocorrida ao longo das últimas décadas, e os distintos critérios que regulam a repartição de cada um deles contribuíram para acentuadas disparidades na capacidade de financiamento dos municípios, em razão da multiplicidade de fatores que explicam a composição de seus orçamentos.

O quadro 4 relaciona os fatores que interferem na composição e no tamanho dos orçamentos municipais, e o gráfico 3 ilustra a magnitude das diferenças.

QUADRO 4. O que determina o orçamento dos municípios

Dada a diversidade de fontes, o orçamento dos municípios varia:

- em função direta da importância da base econômica municipal (casos da cota-parte dos municípios no ICMS repartida conforme o valor adicionado, da cota-parte municipal na participação dos respectivos estados no Fundo de Compensação de Produtos Industrializados e na compensação instituída pela Lei Kandir em virtude da desoneração de produtos primários e semielaborados, bem como do IR retido na fonte de servidores públicos municipais);

- em razão decrescente ao tamanho da população (o FPM);

- em razão direta à população e inversa à renda per capita (FPM capitais);

- em razão direta ao tamanho da população e à concentração da oferta de serviços de saúde (SUS);

- em função do número de matrículas no ensino básico (Fundeb);

- em função de critérios vários inseridos em leis estaduais que regulam a entrega aos municípios de um quarto do ICMS que lhes é devido (o que também afeta uma parte da entrega aos municípios dos repasses dos estados à conta de compensação por não incidência do ICMS nas exportações).

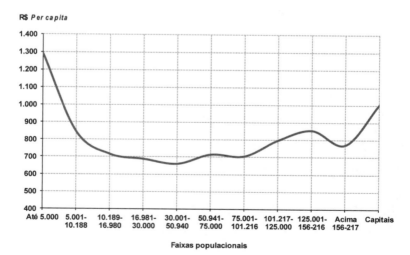

GRÁFICO 3. Receitas orçamentárias municipais per capita
Valores em R$ de 2004

Fonte: REZENDE, Fernando; OLIVEIRA, Fabrício; ARAÚJO, Erika. O dilema fiscal: remendar ou reformar. Rio de Janeiro: Editora FGV, 2007.

Tanto no caso dos estados quanto no dos municípios, as disparidades fiscais também sofrem a influência de oscilações nas transferências e de ingerências políticas nas regras que definem a repartição dos recursos. Como a base em que se apoia o sistema de transferências de recursos do governo federal para estados e municípios não alcança a totalidade dos tributos de sua competência, o impacto de um ciclo econômico desfavorável sobre as receitas do governo federal pode ser contornado mediante o aumento dos tributos que não fazem parte dessa base e a redução daqueles que nela estão, para estimular a economia.

A globalização e as novas tecnologias aumentam a dificuldade de lidar com os desequilíbrios federativos

As dificuldades para alcançar um razoável equilíbrio na repartição de recursos e de responsabilidades na Federação agravam-se à medida que a globalização dos mercados e a incorporação de novas tecnologias ao processo produtivo ampliam a mobilidade das bases tributárias e impõem novos limites à descentralização do poder de tributar.

Enquanto a expansão do comércio eletrônico torna mais difícil a tributação independente do consumo pelos governos estaduais, novas tecnologias ampliam as possibilidades de importação e exportação de serviços, uma atividade até recentemente considerada de âmbito predominantemente local.

Por outro lado, as limitações ao exercício do poder de tributar por parte dos governos subnacionais — estados e, principalmente, municípios — entram em choque com a tendência de ampliar as responsabilidades desses governos com respeito à provisão de serviços públicos essenciais, como educação, saúde e infraestrutura urbana.

À medida que aumenta a mobilidade das bases tributárias, aumenta também a necessidade de evitar a fragmentação do poder tributário, a fim de limitar o espaço para a exportação do ônus tributário para

50 Reforma fiscal e equidade social

não residentes, evitar a transferência da produção para o exterior (exportação de bases tributárias), preservar a eficiência econômica dos tributos e conter a proliferação de antagonismos que se nutrem da competição interna para atrair atividades produtivas. Aumenta, ainda, a importância de as normas legais levarem em conta o fato de que empresas e pessoas mudam constantemente de lugar. Normas rígidas dificultam a tarefa de conciliar a concentração das bases tributárias com a descentralização das responsabilidades públicas, acarretando problemas para a eficiência da gestão pública.

Quanto *maior* a mobilidade das bases tributárias, *maior* é, portanto, a necessidade de harmonizar o regime tributário.

Proteger os cidadãos mais necessitados

Outro requisito importante tem a ver com a existência de garantias financeiras para o atendimento de prioridades sociais. Um dos objetivos da descentralização das responsabilidades públicas em regimes federativos é contribuir para a eficiência do Estado, mediante a criação de condições para que os recursos financeiros se ajustem a distintas realidades regionais, o que também concorre para um maior controle das populações sobre as ações de seus governantes.

No entanto, em países em que as disparidades sociais são grandes, como o Brasil, é importante assegurar os recursos necessários ao financiamento dos programas que buscam reduzir as diferenças de oportunidades de ascensão social dos cidadãos, protegendo-os da disputa anual por acesso aos recursos orçamentários.

Essas garantias são importantes para evitar descontinuidades na execução de políticas e projetos sociais que acarretam ineficiência na sua gestão, mas precisam ser periodicamente revistas para se ajustarem a mudanças nas demandas provocadas pela dinâmica socioeconômica nacional. Além disso, é importante que a operação do regime

Os requisitos

de garantias se oriente pela necessidade de aproximar a repartição dos recursos de cada jurisdição ao tamanho das demandas da população residente em cada uma delas. Daí por que o regime de garantias deve estar articulado com os demais componentes do modelo de federalismo fiscal.

Mas isso não ocorre na Federação brasileira. Como o regime de garantias e o sistema de transferências não se comunicam, a operação independente desses dois mecanismos compromete a eficiência do gasto social e, portanto, sua eficácia. Isto porque a maneira utilizada para instituir essas garantias é a vinculação constitucional de percentuais uniformes das receitas estaduais e municipais a gastos com educação e saúde. Como esses percentuais são aplicados às receitas estaduais e municipais após as transferências terem sido processadas, os recursos vinculados aos gastos sociais reproduzem as disparidades nas receitas orçamentárias dos entes federados. Em decorrência disso, as unidades que já dispunham de recursos elevados irão dispor de uma capacidade maior de financiamento dos programas abrangidos por tais garantias, o oposto ocorrendo na situação inversa.

A operação de regimes independentes leva a um resultado em que a repartição dos recursos vinculados aos programas sociais se distancia ainda mais da localização das demandas pelas atividades protegidas por esse regime, gerando ineficiências, desperdícios e iniquidades. As populações de localidades que têm baixos orçamentos são prejudicadas no que diz respeito ao acesso a serviços públicos de qualidade, em comparação com as que vivem em jurisdições que dispõem de orçamentos generosos. Essas iniquidades se agravam com o correr do tempo, em face de as garantias sociais se basearem em regras uniformes e perenes, pois a dinâmica socioeconômica nacional altera constantemente o padrão e a localização das demandas por programas sociais. A isso se soma o fato de as garantias financeiras não estarem associadas a compromissos com o atingimento de metas que indiquem a melhoria dos resultados, o que reduz sua eficácia.

Ineficiências, desperdícios e iniquidades provocados por disparidades na repartição dos recursos e na localização das demandas exercidas sobre o Estado refletem a maneira desordenada pela qual as finanças federativas vêm sendo tratadas nos últimos anos. Sobreposições e desencontros acumulados nas últimas décadas alimentam conflitos, inviabilizam a cooperação e reduzem a eficiência e a eficácia do governo em áreas fundamentais para o desenvolvimento econômico e a equidade social, como educação, saúde, segurança pública, infraestrutura urbana e meio ambiente.

Remover conflitos e antagonismos

Outro requisito importante para a eficiência do Estado, a qualidade do gasto e a equidade social é a existência de condições que favoreçam a cooperação dos entes federados na formulação e na gestão das políticas públicas. Quando a repartição das competências tributárias, o sistema de transferências de recursos e o regime de garantias sociais contribuem para reduzir tensões e antagonismos, criam-se incentivos e gera-se um ambiente favorável à cooperação.

Um mesmo produto não deve sofrer tributação diferente nas distintas partes do território nacional. Quando isso ocorre, a disputa para atrair investimentos azeda o relacionamento entre os governos e multiplica as chances de conflitos. A harmonização tributária é, portanto, uma condição importante para a cooperação.

Os conflitos também se agravam quando o sistema de transferências não tem a flexibilidade necessária para se ajustar à dinâmica socioeconômica nacional, pois a demora em rever os critérios de repartição dos recursos fortalece a resistência a mudanças, pela dificuldade de acomodar a diversidade de interesses.

A cooperação também deve prever o compromisso de cada ente federado com o atingimento de metas de desempenho, de modo a

Os requisitos 53

reforçar a eficiência e a qualidade do gasto e promover a isonomia de oportunidades de ascensão social.

Reconstruir o planejamento e o orçamento

Como em qualquer instituição, o uso eficiente dos recursos disponíveis depende do planejamento dos gastos. No governo, o planejamento deve incorporar uma visão estratégica dos interesses nacionais, a definição das prioridades a serem atendidas para a promoção e a defesa desses interesses, e a adoção de regras e procedimentos que assegurem as condições necessárias à implementação das políticas e programas derivados do planejamento.

Para tanto, as decisões de gasto precisam contemplar uma visão de longo prazo voltada para a superação das limitações e das barreiras ao desenvolvimento nacional, apoiar-se em garantias de preservação dos recursos necessários ao atendimento das prioridades sociais, e contar com instrumentos que promovam a cooperação dos entes federados na implementação e na gestão das políticas e programas contemplados no plano. A recuperação dos princípios estabelecidos na Constituição de 1988 (quadro 5) com respeito à integração de planos e orçamento é, portanto, um requisito importante para a eficiência e a qualidade do gasto.

QUADRO 5. O ciclo orçamentário pós-Constituição de 1988

- O ciclo orçamentário compreende a elaboração de planos plurianuais, a Lei de Diretrizes Orçamentárias e o orçamento anual. O objetivo dessa regra era fazer com que a elaboração do orçamento fizesse parte de um processo de planejamento e os parâmetros aplicados à sua elaboração fossem previamente discutidos e aprovados.

- No primeiro ano de cada novo mandato político, a administração deve elaborar um plano quadrienal (PPA) e submetê-lo à aprovação do Congresso Nacional. A vigência desse plano alcança o segundo ano desse novo mandato e o primeiro ano do governo que o suceder. O objetivo dessa regra era evitar a descontinuidade de programas e projetos por ocasião da alternância do poder político.

- A elaboração do orçamento deveria ser precedida de uma Lei de Diretrizes Orçamentárias (LDO), cuja principal função seria estabelecer os parâmetros a serem utilizados nas estimativas de receitas e despesas, tornando transparentes os critérios adotados nessas estimativas.

- Na prática, as intenções dos constituintes nunca chegaram a se materializar. Uma das razões para isso foi a impropriedade do calendário estabelecido. No primeiro ano de cada administração, o Executivo fica obrigado a preparar e a enviar ao Congresso Nacional a proposta para o PPA, a LDO e a Lei do Orçamento para o exercício seguinte, ficando o Congresso com a obrigação de analisar e votar essas três propostas em um prazo muito curto. Como o que importa na prática é a Lei do Orçamento, pouca atenção é dispensada ao exame do PPA e da LDO, que perdem sua função de orientar e organizar a elaboração e a execução do orçamento.

- Ademais, mesmo que a importância do PPA fosse recuperada, seu horizonte temporal é muito curto e, além de curto, não condiciona as decisões orçamentárias. Sempre que é necessário acomodar novas prioridades, o PPA é reformulado, de tal modo que em vez de o orçamento se ajustar ao plano, é o plano que se ajusta ao orçamento.

- O mesmo sucede com a LDO, que, ao longo do tempo, foi perdendo as funções para as quais foi criada para preencher os vazios deixados pela dificuldade de atualizar a Lei Orçamentária.

Os requisitos 55

O alongamento do horizonte orçamentário requer estabilidade no financiamento. Como as receitas públicas reagem a mudanças nos ciclos econômicos, a formação de reservas durante períodos de expansão econômica é importante para evitar que, na inversão do ciclo, ocorram descontinuidades na execução dos investimentos, cortes em despesas essenciais ao bom funcionamento dos serviços e atrasos de pagamentos que aumentam o custo futuro das compras governamentais.

A reação das receitas públicas ao ciclo econômico depende da composição da carga tributária. A volatilidade da receita é maior quando impostos altamente sensíveis a choques externos, como os que incidem sobre o comércio internacional e sobre commodities minerais, têm alto peso na composição da carga tributária, aumentando a necessidade de constituir reservas quando o cenário econômico é favorável. Bases tributárias amplas atenuam o impacto do ciclo econômico na capacidade de financiamento, ao passo que a tributação seletiva de bens cuja demanda é altamente sensível a variações no preço, ou a oscilações na economia, gera o efeito oposto.

As principais vertentes das reformas orçamentárias promovidas em vários países nas últimas décadas convergiram para um modelo orçamentário caracterizado pela incorporação de uma visão estratégica nas decisões sobre a alocação de recursos públicos, e pela ênfase em mudanças que contribuam para melhorar a qualidade do gasto público, introduzir compromissos com o resultado da ação governamental e promover a responsabilização dos governantes.

No Brasil, a dominância das preocupações macroeconômicas na condução da política fiscal retardou a adoção de uma reforma orçamentária que seguisse o mesmo caminho. As mudanças promovidas na gestão fiscal para assegurar o cumprimento das metas fiscais e para consolidar o compromisso com a disciplina no manejo das contas públicas foram bem-sucedidas, mas contribuíram para encurtar o horizonte das decisões orçamentárias, ampliar a importância dos controles formais, reduzir a transparência do orçamento e dificultar a adoção pela sociedade de iniciativas para promover a responsabilização dos gestores e dos governantes.

A adoção de uma visão estratégica requer uma perfeita sintonia entre o planejamento e o orçamento. Essa sintonia depende do estabelecimento de uma sequência de procedimentos que se inicia com a identificação das prioridades estratégicas nacionais e a tradução dessas prioridades em objetivos a serem perseguidos em um dado horizonte de tempo. Prossegue com a definição do que precisa ser feito para alcançar esses objetivos, das etapas a serem percorridas e do estabelecimento de metas a serem atingidas. E finaliza com a seleção dos indicadores a serem utilizados para monitorar e avaliar os resultados obtidos, propondo os ajustes devidos quando necessário.

A identificação das prioridades estratégicas nacionais não deve se limitar ao horizonte temporal de um mandato político; deve refletir preocupações de longo prazo com o futuro do país e com o bem-estar de seus cidadãos, e ser objeto de planos cujo horizonte temporal não deve ser inferior a uma década. Cada administração pode modificar a ênfase atribuída a essas prioridades, e isso se refletiria no peso que os objetivos e metas relacionados a essas prioridades estratégicas assumiriam em determinado plano de governo.

Por seu turno, uma visão estratégica de longo prazo, usualmente traduzida em acordos políticos, não pode congelar o futuro. Um contexto de aceleradas transformações nos cenários político e econômico global requer flexibilidade na composição do orçamento para ajustá-lo a mudanças nas prioridades e a eventos inesperados. Um complemento importante das mudanças que tratam do alongamento das decisões orçamentárias é, portanto, a adoção de procedimentos para a revisão periódica das despesas, tendo em vista a identificação da necessidade ou não de promover os ajustes necessários.

Melhorar a qualidade do financiamento

A qualidade do financiamento repercute em quase todos os aspectos relevantes para a qualidade do gasto. Incertezas com respeito a disponibilidades financeiras comprometem o planejamento e a gestão do gasto público. Disparidades econômicas transformam-se em desequilíbrios na capacidade de financiamento, que geram iniquidades no acesso a serviços de educação e saúde de qualidade, na ausência de medidas corretivas. A rigidez das normas e regras simétricas dificultam a adaptação a mudanças nos ciclos econômicos e à dinâmica socioeconômica regional. A complexidade do sistema tributário impede a transparência e a identificação da repartição do ônus do financiamento pelas categorias de contribuintes. Mudanças no regime de financiamento são, portanto, indispensáveis para maiores avanços na direção da melhoria do gasto.

A falta de conhecimento dos cidadãos sobre o peso que os impostos representam na renda de suas famílias é um grande entrave à mobilização da sociedade em prol da melhoria da qualidade do gasto público. Somente a indignação coletiva com o baixo retorno para a sociedade dos impostos recolhidos pelo governo é capaz de produzir esse efeito.

A transparência do financiamento não depende apenas da natureza dos impostos que compõem a carga tributária. Mesmo impostos que teoricamente são transparentes, como os que incidem sobre a renda, podem se tornar opacos em razão da preferência das administrações tributárias pela simplificação dos procedimentos aplicados a sua arrecadação.

A fragmentação das bases tributárias e a multiplicidade de incidências sobre elas também concorrem para aumentar a opacidade do financiamento governamental. A acumulação de impostos cobrados ao longo do processo de produção, circulação e comercialização de mercadorias e serviços amplia a capacidade de arrecadação, mas torna extremamente difícil saber o tamanho da conta que é paga pelas distintas categorias de contribuintes.

A dificuldade de identificar a origem do financiamento compromete a avaliação da qualidade do gasto. O gasto pode ser eficiente e atingir os resultados esperados, mas se os recursos que o financiaram gerarem efeitos perversos ou implicarem em ônus mais elevados do que os benefícios auferidos por seus beneficiários, o resultado não pode ser considerado satisfatório. Exemplos dessa situação ocorrem quando o financiamento de determinado programa social depende da tributação dos salários, o que encarece o custo da mão de obra e limita a expansão do emprego, ou reduz a remuneração do trabalhador. Ou quando o financiamento de programas sociais dirigidos a famílias pobres tem origem na tributação de produtos consumidos pela população de baixa renda, que assim estariam suportando um ônus mais elevado do que os benefícios que usufruem.

A qualidade do gasto não pode, portanto, ser dissociada da qualidade de seu financiamento. Daí a importância de tratar o problema da qualidade do gasto no marco de uma reforma fiscal abrangente.

Dar transparência ao que é feito e a seus resultados

O cidadão precisa saber como o dinheiro dos impostos está sendo utilizado e que benefício traz para a sociedade. Só assim é possível criar condições para que os governantes sejam devidamente responsabilizados por incúria e desperdícios. Na situação vigente, em que o orçamento perdeu relevância e credibilidade, não é de estranhar que pesquisas sobre transparência orçamentária indiquem o baixo grau de transparência do orçamento brasileiro, que seria inferior ao da Costa Rica, do Peru e do Panamá.*

---

* Segundo a Pesquisa Inesc, o índice de transparência do orçamento brasileiro seria de 49 pontos em uma escala cujo valor máximo é 100. Isso não contradiz avaliações que apontam a qualidade do gerenciamento financeiro.

É certo que o aumento da transparência requer várias medidas que vêm sendo defendidas por especialistas da área, como a adoção de uma linguagem acessível na divulgação do orçamento e da execução orçamentária; a institucionalização de mecanismos de representação dos distintos interesses no processo de discussão e aprovação do orçamento, especialmente durante a tramitação da proposta orçamentária no Legislativo; a participação da mídia na divulgação de análises a respeito da repartição do ônus e dos benefícios das decisões refletidas no orçamento; e a melhoria das instituições encarregadas do controle e da avaliação dos resultados.

Tudo isso, porém, depende do cumprimento de uma condição prévia: a recuperação da credibilidade do orçamento e o reconhecimento de sua importância para a sociedade. Para tanto, é necessário que o tema da transparência seja abordado no marco de uma reforma fiscal que tenha esse objetivo.

Ter sempre presente o compromisso com a responsabilidade fiscal

Os requisitos anteriores devem ter presente a necessidade de a gestão do gasto público não se afastar do compromisso com a responsabilidade fiscal, que também deve ser vista como um atributo da qualidade do gasto. Para isso, uma recomendação importante tem a ver com a necessidade de adotar medidas para evitar que a política fiscal atue em reforço ao ciclo econômico.

Dada a volatilidade que caracteriza a economia mundial e sua repercussão no plano interno, uma maneira de lidar com essa questão é reforçar os vínculos entre o orçamento e o planejamento, tal como já mencionado, mantendo o controle sobre o uso de recursos altamente voláteis e sobre medidas que venham a gerar compromissos financeiros passíveis de provocar desequilíbrios financeiros futuros.

A multiplicidade e a interdependência dos aspectos envolvidos deixam claro que, sem uma reforma fiscal abrangente, não é possível obter ganhos expressivos com respeito aos objetivos de promover a melhoria da qualidade do gasto público e a isonomia de oportunidades sociais. Por seu turno, o foco na melhoria da qualidade do gasto e na equidade social ilumina as mudanças que também são necessárias para remover as limitações e as barreiras ao desenvolvimento econômico do país e reduzir as disparidades regionais de desenvolvimento.

A PROPOSTA

Como uma reforma fiscal abrangente pode contribuir para a melhoria da qualidade do gasto e a isonomia de oportunidades sociais?

De que trata uma reforma abrangente?

Como vimos, uma proposta abrangente de reforma fiscal trata de corrigir os desequilíbrios entre recursos e responsabilidades, aperfeiçoar as garantias de financiamento de políticas sociais, promover a convergência de rendas na Federação e reformar o sistema tributário para reduzir a sensibilidade da receita aos ciclos econômicos, de modo a aumentar a estabilidade do financiamento, melhorar a equidade fiscal e incentivar o crescimento da economia. A seguir, recomendações a respeito de cada um desses aspectos.

A promoção do equilíbrio federativo

Desequilíbrios geram ineficiência e desperdícios: o dinheiro deve estar onde estão os problemas

Disparidades entre a localização dos recursos financeiros e a das demandas que os governos devem atender decorrem de diferenças no padrão de localização das atividades produtivas e da população no território nacional.

A localização dos recursos depende da natureza da atividade produtiva exercida e da renda dos residentes, as quais determinam o potencial de arrecadação de impostos em determinado território. Mas o que é efetivamente arrecadado ali depende de como o poder de tributar é repartido entre os entes que compõem a Federação. Quanto às demandas, o tamanho da população tem peso importante, mas não exclusivo. De modo simplificado: as principais variáveis que influenciam a localização das demandas que o Estado deve atender são o perfil etário da população residente, o nível de renda dessa população (com destaque para o índice de pobreza) e a densidade populacional.

Uma alta densidade populacional implica soluções mais complexas para a infraestrutura e a provisão de serviços urbanos, o que aumenta o custo dos investimentos exigidos, ao passo que o perfil etário indica a composição da demanda por serviços sociais, sobretudo educação e saúde. Por seu turno, o nível de renda e a incidência da pobreza determinam em que medida cabe aos poderes públicos atender a essas demandas.

Dada a diversidade dos fatores intervenientes, a possibilidade de haver equilíbrio entre a localização do dinheiro e dos problemas a serem atendidos é bastante remota. As disparidades são maiores quando a concentração da renda e da produção se distancia da concentração da população, mas mesmo que se aproximem não há motivos para a inexistência dessas disparidades. Estas dependem da natureza das atividades econômicas exercidas em dado território e das características socioeconômicas da população que ali reside.

Ademais, como tanto a atividade econômica quanto a população se deslocam com frequência, a amplitude dessas disparidades muda ao longo do tempo e pode se tornar bastante severa quando as regras que comandam a repartição dos recursos não dispõem de flexibilidade para se ajustar a novas circunstâncias.

A proposta

Como lidar com os efeitos dessas mudanças?

Num país unitário, as disparidades entre a localização dos recursos e das demandas podem ser mais facilmente corrigidas com um planejamento governamental adequado. Numa Federação, entretanto, e especialmente no caso brasileiro, em que a autonomia dos entes federados é grande e a diversidade de situações é acentuada, a correção desse problema envolve um grau maior de complexidade.

A complexidade decorre de como o poder de tributar se reparte entre os entes que compõem a Federação — no nosso caso, o governo federal, os estados e os municípios. A Constituição de 1988 ampliou o poder dos estados de tributar a produção e a comercialização de mercadorias, e o dos municípios de tributar a prestação de serviços, mas a descentralização tributária contemplada naquele momento foi posteriormente revertida pelo crescimento das contribuições sociais instituídas pelo mesmo texto constitucional.

O desequilíbrio vertical resultante do crescimento das contribuições sociais, simultaneamente com a transferência de grande parte da responsabilidade pela gestão das políticas sociais a estados e municípios, foi parcialmente compensado pela ampliação das transferências federais vinculadas a esses setores, mas a ausência de um princípio ordenador para organizar o sistema de transferências na Federação brasileira fez com que crescessem as disparidades horizontais, conforme apontado no capítulo anterior.

A regra universal para lidar com disparidades horizontais é transferir recursos de quem tem mais para quem tem menos. No Brasil, assim como em quase todas as federações, é o governo federal que se encarrega de bancar as transferências, mas, em virtude das distorções acumuladas ao longo do tempo, as transferências ampliam as disparidades horizontais em vez de reduzi-las.

Isso ocorre no caso dos estados em razão, principalmente, de os índices que definem a repartição dos recursos do fundo constitucional que estabelece sua participação na receita de impostos federais — o FPE — estarem congelados desde 1989. Mas é particularmente grave no caso dos municípios, onde é acentuada a diversidade dos fatores que interferem na composição de seus orçamentos.

Tantas questões envolvidas indicam que a busca de uma fórmula que aproxime as receitas tributárias (próprias e provenientes de transferências) de cada estado e município do tamanho das demandas que eles devem atender envolve grande complexidade. Mas grandes avanços podem ser obtidos se essa busca se orientar por princípios que visem reduzir as disparidades entre recursos e demandas, de modo a diminuir os desperdícios e aumentar a eficácia e a qualidade do gasto.

O princípio básico a ser observado é o da isonomia no que diz respeito ao acesso dos cidadãos a serviços indispensáveis à mobilidade social. Em um regime federativo, o atendimento desse princípio requer que cada componente da Federação disponha dos recursos necessários para financiar um menu básico de atividades definido a partir de suas responsabilidades constitucionais. Além disso, cada componente deve contar com recursos adicionais para assumir uma parcela da responsabilidade por outras atividades que são partilhadas com governos vizinhos ou com componentes de outras esferas da Federação.

No primeiro caso — o do menu básico —, a solução consiste em complementar os recursos das unidades cujo potencial de geração de receitas tributárias próprias é insuficiente para fornecer esse menu mediante o aporte de recursos de outros membros do mesmo grupo, ou de outros componentes da Federação.

No jargão técnico, tal recomendação implica a adoção do chamado regime de equalização fiscal. O propósito de um regime dessa natureza é fazer com que todos os componentes de uma mesma esfera da Federação — estados e municípios — disponham de um orçamento por habitante suficiente para dar conta de suas responsabilidades básicas.

A proposta

O que é e como funciona um regime de equalização fiscal?

Antes de tudo, vale notar que, embora a fórmula original para o rateio do FPE adotada na reforma de 1967 buscasse a redução das disparidades fiscais entre os estados brasileiros, aproximando-se, de certa maneira, de um princípio de equalização de receitas, um verdadeiro regime de equalização fiscal nunca foi contemplado na experiência brasileira. É fundamental, portanto, que o princípio de um regime de equalização fiscal seja bem compreendido.

Um regime de equalização fiscal caracteriza-se por buscar estabelecer, mediante um acordo político baseado em critérios técnicos, qual a opção a ser adotada para complementar os recursos que cada ente federado pode obter por meio da exploração adequada dos impostos de sua competência.

Há duas maneiras de promover a equalização. Uma delas é definir previamente o mínimo a ser alcançado e complementar com transferências os recursos necessários para alcançar esse mínimo quando as receitas próprias não forem suficientes para tanto. A outra estipula o montante das transferências federais destinadas a essa finalidade e, portanto, condiciona a equalização que se pode obter a partir desse dado.

A diferença principal entre as duas modalidades é que, no primeiro caso, a conta a ser paga pelo governo federal é aberta, isto é, definido previamente o piso a ser alcançado, os recursos necessários para isso só são conhecidos posteriormente.

A equalização que se pode obter com um volume predeterminado de recursos depende do tamanho desses recursos e do que se pretende alcançar. Se a intenção é obter o máximo de equalização com um volume limitado de recursos, muitos deixam de receber recursos por conta desse regime. Mas é possível contornar esse problema estabelecendo metas menos ambiciosas. O quadro 6 mostra as diferenças entre opções de operação de um regime de equalização fiscal. As restrições financeiras e as limitações políticas é que influenciarão, portanto, a escolha do regime a ser adotado em cada caso.

QUADRO 6. Diferentes opções de um regime de equalização fiscal

- A adoção de um regime de equalização fiscal contempla três modalidades principais: a) nenhum ente federado fica com recursos inferiores a um determinado valor (a chamada equalização de máxima eficiência redistributiva); b) só aquele que está no topo não recebe recursos da equalização; e c) uma solução intermediária entre essas duas.

- O alcance de cada uma dessas modalidades depende dos recursos disponíveis para promover a equalização. Se não há limitação de recursos, isto é, se a conta é aberta, o valor de referência é definido previamente e os recursos necessários para atingi-lo resultam dessa definição. Se os recursos são previamente definidos, isto é, se a conta é fechada, a questão se inverte; trata-se de saber quanto de equalização é possível alcançar com os recursos disponíveis.

- Quanto maior for a disparidade inicial, maiores serão os recursos necessários para promover a equalização. Portanto, uma equalização de máxima eficiência redistributiva requer uma soma elevada para alcançar esse objetivo.

- Grandes disparidades e recursos limitados restringem o alcance de um regime de equalização. Nesse caso, a opção pela máxima eficiência redistributiva beneficiaria um número menor de unidades e, portanto, poderia gerar grandes resistências. Por outro lado, a opção por não deixar ninguém de fora diminui o impacto da equalização. Nesses casos, uma solução intermediária, que busque reduzir as diferenças, tende a ser a opção mais satisfatória.

A proposta

Quanto maiores forem as disparidades horizontais, maiores serão os recursos necessários para obter um dado grau de equalização. Se a pretensão for estabelecer metas ambiciosas em um contexto de grandes desigualdades regionais e fortes restrições financeiras, como no Brasil, o modelo de conta em aberto é inviável.

A opção, portanto, é adotar um modelo em que os recursos são predefinidos e avaliar as alternativas quanto ao grau de equalização que pode ser alcançado, tendo em vista o resultado que cada uma delas gera no que diz respeito à redução das disparidades na capacidade de financiamento. Muito importante, nesse caso, é que os recursos da equalização formem um fundo especificamente voltado para essa finalidade, de modo a evitar a instabilidade que resultaria de uma situação em que os recursos fossem definidos anualmente, durante o processo de elaboração do orçamento.

Uma preocupação importante na operação de um regime de equalização refere-se à possibilidade de os governantes relaxarem a cobrança dos impostos de sua competência para se beneficiarem das transferências. Por isso, uma recomendação necessária é que esse regime tenha como referência o potencial de arrecadação de cada um dos beneficiários, de modo a não desestimular o esforço tributário próprio.

Na maior parte das federações, um regime de equalização fiscal operado pelo governo federal se aplica aos estados e estes, em alguns casos, operam um regime semelhante para seus municípios. Na federação brasileira, em que os municípios gozam de plena autonomia, é necessário que o governo federal opere também um regime de equalização para os municípios.

Os recursos necessários para operar um regime de equalização fiscal podem ser reduzidos caso uma política de desenvolvimento regional diminua as disparidades econômicas entre as regiões e, portanto, a necessidade de recursos para reduzir as disparidades fiscais na Federação.

Como avançar na implantação de um moderno regime de equalização fiscal na Federação brasileira?

Os fundos de participação de estados e municípios na receita dos principais impostos federais, criados na reforma constitucional de 1967, tinham por objetivo reduzir as disparidades fiscais na Federação brasileira, mas as mudanças processadas nesses fundos nos últimos 40 anos e o acréscimo de novas modalidades de transferências contribuíram para desvirtuar esse objetivo.

No caso dos estados, a recente decisão do Supremo Tribunal Federal, que declarou inconstitucional as regras atuais de repartição do FPE e limitou sua vigência ao exercício de 2011, abriu uma oportunidade para que se avaliassem os ganhos que a repartição dos recursos desse fundo, segundo um princípio de equalização fiscal, traria para a redução dos desequilíbrios fiscais entre os estados brasileiros. Em razão de decisões tomadas há mais de duas décadas, o FPE foi se afastando dos objetivos iniciais de promover a redução das disparidades orçamentárias estaduais, e as tentativas de corrigir as distorções acumuladas mediante um retorno à fórmula de repartição que vigia antes de 1989 não se afiguram viáveis, nem desejáveis. Cabe, portanto, adotar uma nova perspectiva no exame de alternativas para atender à exigência da suprema corte. Embora a decisão do STF não alcance o FPM, o debate a respeito de mudanças no critério de rateio do FPE deverá reacender a discussão sobre as distorções geradas pela maneira de repartir os recursos do FPM.

O quadro 7 enumera as razões para se adotar uma nova abordagem no exame de mudanças nos critérios de rateio dos recursos do FPE. As razões são claras, mas uma mudança dessa envergadura não se guia apenas por argumentos racionais. É preciso apoiar o argumento em números que reforcem a proposta e desnudem a injustiça decorrente da prorrogação por tanto tempo de um arranjo que se supunha provisório.

A proposta

QUADRO 7. FPE e equilíbrio fiscal

- A criação do FPE na reforma constitucional de meados da década de 1960 teve em mira corrigir as disparidades na repartição das receitas tributárias estaduais decorrentes da criação do ICM e da adoção do princípio de origem na cobrança desse imposto sobre as vendas interestaduais de mercadorias.

- Para esse fim, a lei que regulamentou o disposto na Constituição estabeleceu uma fórmula para repartir os recursos desse fundo que levava em conta a área de cada estado (peso de 5%), o inverso da renda per capita (peso de 47,5%) e o tamanho da população (peso de 47,5%). Por essa fórmula, estados pobres com grande população e território recebiam do fundo as receitas necessárias para compensar seu baixo potencial de arrecadação do ICM.

- A reforma constitucional de 1988 trouxe duas medidas importantes para os estados: aumentou a base de seu principal imposto, que passou a alcançar os combustíveis, a energia elétrica e as comunicações, transformando o ICM em ICMS, e elevou a parcela da receita do IR e do IPI que compõe a base do FPE. Ao mesmo tempo, o texto constitucional estabeleceu que uma nova lei deveria rever os critérios de rateio desse fundo para corrigir os impactos da ampliação da base tributária na repartição das receitas do imposto estadual.

- Mas a dificuldade de obter acordo político para rever a fórmula original, em um contexto de fortes turbulências econômicas e políticas, levou o assunto a ser objeto de um arranjo que devia ser provisório, mas que perdura até hoje. Em 1989, mediante acordo entre os estados, a fórmula foi abandonada e substituída por coeficientes fixos referenciados aos que vigiam anteriormente, ficando garantida a entrega de 85% dos recursos aos estados do Norte, Nordeste e Centro-Oeste.

- Em mais de duas décadas, a geografia socioeconômica mudou, mas os coeficientes permaneceram inalterados. O território nacional sofreu alterações, com a transformação dos antigos territórios em estados e a separação de parte do estado de Goiás para a criação do estado do Tocantins. Migrações internas mudaram a repartição da população, e desiguais ritmos de crescimento mudaram a face das disparidades na renda per capita. A reserva regional de 85% preservou o quinhão do Norte, Nordeste e Centro-Oeste, mas as disparidades entre os estados dessas regiões se ampliaram, gerando situações extremas, especialmente no caso dos antigos territórios e dos novos estados.

- Instado a se pronunciar sobre a inconstitucionalidade do arranjo adotado em 1989, o STF destampou o caldeirão. A vigência desse arranjo cessa em 2012. Uma nova fórmula que obedeça aos preceitos constitucionais deve estar pronta para ser aplicada em 2013.

- A busca dessa nova fórmula já começou e os sinais apontam para o esperado. Estudos preliminares mostram que o retorno à formula original é inviável, pois produziria um efeito oposto ao que prevê a Constituição: retira recursos dos estados menos desenvolvidos e entrega para os de maior desenvolvimento. Por outro lado, a tentativa de incluir outras variáveis na fórmula não resolve o conflito, além de tornar inviável a operação do sistema.

- A solução não está em nenhuma das opções acima, e sim na adoção de uma nova regra que obedeça ao ditame constitucional de que a repartição dos recursos do FPE deve se orientar pelo objetivo de promover o equilíbrio socioeconômico dos estados. E essa nova regra é a que propõe que os recursos do FPE sejam repartidos de acordo com um princípio de equalização fiscal.

A proposta

Os constituintes de 1988 tinham clara consciência de que a ampliação dos recursos de ambos os fundos exigia uma mudança concomitante nos parâmetros aplicados à repartição dos recursos e, por isso, inseriram no texto constitucional um dispositivo que obrigava a realização dessa revisão. Mais de 20 anos depois, o cumprimento da vontade dos constituintes deixou de ser uma necessidade para se tornar uma obrigação.

FPE e equalização estadual

Simulações preliminares para avaliar os resultados da adoção do princípio de equalização fiscal na repartição do FPE mostram as vantagens dessa solução ante outras opções para atender à determinação do STF. O gráfico 4* permite visualizar o impacto dessa mudança.

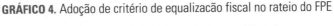

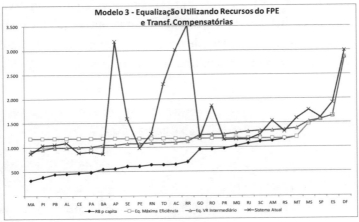

---

* No gráfico, a linha marcada com "x" indica a situação atual, e a que tem quadrados, o resultado de uma equalização de máxima eficiência redistributiva (ver quadro 6). A linha que contém triângulos representa uma equalização em que só quem tem a maior receita não recebe recursos da equalização, e a linha que tem losangos, uma solução intermediária.

Na chamada equalização de máxima eficiência (ver quadro 6), os recursos do FPE, acrescidos das transferências que visam a compensar a desoneração das exportações (FPEx e Lei Kandir), permitem nivelar em R$ 1.181 a receita orçamentária per capita de 21 estados que hoje não alcançam esse patamar. Quando a simulação adota um critério que busca reduzir a diferença em relação à receita per capita do estado de São Paulo, apenas três estados deixam de receber recursos do fundo (São Paulo, que serviu de referência, o Espírito Santo e o Distrito Federal, cujas receitas per capita superam a de São Paulo). Mais relevante é observar que as mudanças provocadas por este último critério implicam ganhos para 3/4 da população brasileira — cerca de 150 milhões de habitantes.

Note-se que, em qualquer das opções de equalização retratadas no gráfico 4, as disparidades vigentes ficam sensivelmente atenuadas. Todavia, a equalização de máxima eficiência redistributiva não é a opção recomendada. Por isso, na avaliação das alternativas para repartir o bolo do FPE segundo um princípio de equalização fiscal, o foco deve ser dirigido para a escolha de uma opção que favoreça os estados com menores índices de desenvolvimento socioeconômico e as populações com maiores índices de carências sociais.

QUADRO 8. FPE e equalização fiscal — 2

- O que é um regime de equalização fiscal e quais as suas vantagens? Assim como na formulação original do FPE, o propósito de um regime de equalização fiscal é corrigir as disparidades de recursos que derivam das desigualdades socioeconômicas regionais, embora os métodos adotados para esse fim sejam diferentes. Na proposta original do FPE, adota-se uma fórmula. No regime de equalização, o método é direto e, portanto, a operação é mais simples.

A proposta

- A operação de um regime de equalização comporta alternativas, conforme já mencionado neste livro, mas a opção recomendada no caso brasileiro é adotar um regime de conta fechada, isto é, aquele em que o total de recursos é previamente definido. Dados os recursos, a distribuição pode ser feita de forma a reduzir ao máximo as disparidades existentes (a chamada equalização de máxima eficiência redistributiva) ou diminuir proporcionalmente as disparidades (a equalização proporcional).

- Além da transparência e das vantagens operacionais, um regime de equalização ajusta automaticamente a repartição dos recursos a mudanças na base tributária (desoneração das exportações e dos investimentos, deslocamento de atividades produtivas) e aos efeitos do ciclo econômico nas receitas estaduais, dispensando a necessidade de manter permanentemente atualizados os parâmetros da fórmula aplicada à repartição dos recursos, e eliminando o contencioso jurídico envolvido na disputa dos governos estaduais com os órgãos que produzem as estatísticas nacionais. Por independer de parâmetros outros que não a própria receita, a equalização também evita que mudanças marginais nas variáveis que compõem a fórmula de rateio desloquem determinado estado para faixas imediatamente superiores, ou anteriores, afetando significativamente a repartição.

- A aplicação de um regime de equalização para repartir os recursos do FPE e das transferências voltadas para compensar a desoneração das exportações (FPEx e Lei Kandir) mostra em quanto sua adoção contribuiria para corrigir as distorções existentes. O gráfico 4 apresenta o resultado desse exercício para duas hipóteses referentes ao alcance da equalização (a máxima e a proporcional) em comparação com a situação atual. A máxima iguala a receita disponível per capita de 21 estados, e a proporcional atenua bastante as diferenças entre todos eles.

> - Em qualquer caso, obviamente, a substituição do atual critério de rateio do FPE por um regime de equalização provoca mudanças que aumentam, ou reduzem, a receita disponível per capita dos estados. A adoção de um critério proporcional é a opção em que o número dos estados que passam a receber menos em relação à situação vigente é menor (16). Os três cujas receitas antes do FPE são iguais ou maiores deixam de receber recursos da equalização e 11 aumentam sua participação no fundo.
> - Em relação à situação atual, a equalização gera resultados positivos à luz do objetivo de reduzir as disparidades socioeconômicas: a redistribuição que promove beneficia cerca de 150 milhões de habitantes.

FPM e equalização municipal

Assim como no caso dos estados, as mudanças introduzidas no critério de rateio do FPM entre os municípios brasileiros contribuíram para acumular grandes distorções na repartição das respectivas capacidades de financiamento, independentemente da perspectiva em que essa questão seja observada. Por motivos já explorados neste livro, as disparidades fiscais entre os municípios não guardam uma relação clara com seu tamanho, sua capacidade econômica, ou com a região onde se localizam. E o FPM, em vez de corrigir essas disparidades, como estava previsto na época de sua criação, contribui para agravá-las, como mostra o gráfico 5, que compara a capacidade de financiamento dos municípios antes e depois da incorporação do FPM a seus orçamentos.

No gráfico 5, as barras negras (ICF1) mostram como se reparte a capacidade de financiamento dos municípios quando se consideram as receitas tributárias diretamente arrecadadas por eles (ISS, IPTU, ITBI e taxas) e aquelas que resultam da devolução aos municípios da parte

GRÁFICO 5. Municípios: índice de capacidade de financiamento — 2008

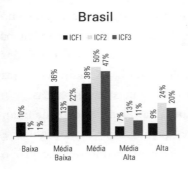
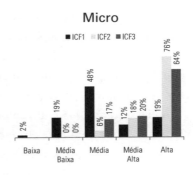
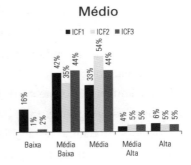
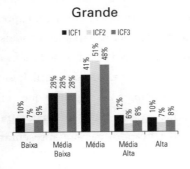
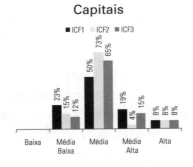

Fontes: IBGE e Finbra STN.

que lhes pertence em impostos estaduais (ICMS, IPVA) e federais (ITR, IOF-ouro). As barras refletem, portanto, a importância das bases tributárias dos municípios. As barras cinza-claras (ICF2) indicam como muda a repartição da capacidade de financiamento dos municípios quando adicionamos as transferências do FPM e a participação dos municípios na parcela estadual do FPEx e da Lei Kandir. As barras cinza-escuras (ICF3) agregam o efeito das demais transferências.

A classificação dos municípios em faixas de capacidade de financiamento é feita com base em índices que medem a distância das receitas orçamentárias per capita em relação às médias de cada grupo populacional. Índices inferiores a 0,5 (menos da metade da média) indicam baixa capacidade de financiamento; índices situados entre 0,51 e 0,75 da respectiva média indicam que a capacidade de financiamento é média baixa. Na média estão aqueles cujo índice se situa entre 0,76 e 1,25. Uma capacidade média alta é encontrada naqueles cujos índices estão entre 1,26 e 1,75 da média. Acima disso, a capacidade de financiamento é considerada alta. No critério populacional foram considerados os seguintes intervalos: micromunicípios são os que têm menos de 5 mil habitantes; pequenos, entre 5 e 20 mil; médios, entre 20 e 100 mil; e grandes, acima de 100 mil habitantes.

O efeito regressivo do FPM, a mais importante fonte de transferências federais aos municípios, manifesta-se com clareza. A adição dos recursos desse fundo faz com que nenhum micromunicípio apresente capacidade de financiamento baixa, ou média baixa, e que mais de 76% deles passem a dispor de alta capacidade de financiamento. Na contramão, reduz a capacidade de financiamento de municípios grandes e capitais (cai o número de municípios desse grupo que exibem capacidades de financiamento alta e média alta). Ademais, um grande número de municípios médios e grandes passa a apresentar baixa capacidade de financiamento.

Tal resultado reflete a impropriedade das regras vigentes, pois, com a expansão e o crescimento das metrópoles, a separação entre

A proposta

capitais e não capitais perdeu sentido, enquanto, com o avanço da urbanização, a reserva especial para municípios mais populosos deixou de ser suficiente para corrigir a desvantagem de municípios metropolitanos com grande população e baixa renda diante dos municípios com baixa população e alta renda. E com o pré-rateio do FPM entre os estados, cresceram as disparidades entre municípios de um mesmo tamanho, mas de estados diferentes. O quadro 9 resume as distorções provocadas pelos critérios de rateio do FPM com respeito a disparidades na capacidade de financiamento dos municípios.

Em face das enormes disparidades fiscais entre os municípios brasileiros, a repartição dos recursos do FPM segundo os princípios de um regime de equalização fiscal envolve um grau maior de complexidade. Não obstante, um exercício cujos resultados são apresentados adiante mostra que a mudança é positiva. Assim como no caso dos estados, a equalização reduz as principais distorções que se acumularam ao longo do tempo.

> **QUADRO 9.** Municípios: FPM e disparidades
> na capacidade de financiamento
>
> - As distorções acumuladas na repartição dos recursos do FPM foram ainda mais acentuadas do que no caso dos estados. Assim como no FPE, o arranjo adotado em 1989 fixou os coeficientes de participação dos municípios com base no que vinha ocorrendo em anos anteriores, acrescentando uma regra que alterava o princípio que norteou sua criação em 1965. Nessa época, o FPM era repartido entre todos os municípios brasileiros com base em um critério que beneficiava os de menor população. Com a mudança, o bolo dos municípios foi estabelecido por estado, passando a ocorrer mudança no rateio apenas dentro de cada estado da Federação.

- A lógica do regime original era fazer com que o FPM compensasse a concentração da cota-parte dos municípios no imposto estadual nos municípios mais ricos e mais populosos, reduzindo as disparidades entre eles. Com a repartição do bolo entre os estados, municípios de estados que perderam população passaram a dividir a mesma cota de 20 anos atrás; os que ganharam novos habitantes, a repartir o mesmo montante da época por uma população bem maior. Cresceram, portanto, as disparidades entre municípios de mesmo tamanho de distintas regiões brasileiras.

- Em razão dessas mudanças, o FPM amplia as disparidades na repartição da capacidade de financiamento que decorrem da concentração da renda e das bases tributárias que determinam o tamanho dos orçamentos municipais. De uma perspectiva nacional, o principal efeito do FPM é ampliar as situações extremas. Comparado com o perfil da repartição da capacidade de financiamento composta pelas receitas que pertencem aos municípios (arrecadação própria, mais a devolução da parcela arrecadada por terceiros), o novo perfil que resulta da adição do FPM reduz o número de municípios que exibem baixa capacidade de financiamento, mas aumenta o número daqueles que passam para a situação oposta (ver gráfico 5).

- Contrariando as expectativas, o número de municípios com alta capacidade de financiamento decresce com o aumento da população, e o daqueles com baixa capacidade de financiamento aumenta, à medida que aumenta o porte dos municípios. Esse padrão se repete em todas as regiões.

- O número de municípios pequenos com baixa capacidade de financiamento é grande nas regiões mais pobres (Norte, Nordeste e Centro-Oeste). No Sudeste é bem menor e no Sul não há municípios nessa condição. A situação das capitais estaduais é diferente, porque o critério de repartição da parcela das capitais nesse fundo embute um critério redistributivo.

A proposta

> • As distorções na repartição dos recursos do FPM ficam mais evidentes quando os desequilíbrios na repartição da capacidade de financiamento são comparados com o perfil das respectivas populações. Nos 10% dos municípios que apresentam a mais baixa capacidade de financiamento vivem 19% da população brasileira, ao passo que nos 10% daqueles que exibem a mais alta capacidade de financiamento, vivem apenas 2% da população.

Uma forma mais contundente de mostrar as distorções geradas pelas regras atuais de repartição do FPM, e os ganhos advindos da adoção de um princípio de equalização fiscal no rateio desse fundo, é analisar como se distribui a população no território nacional, tendo como referência a capacidade de financiamento dos municípios em que habita.

A sequência de gráficos a seguir ilustra este ponto. O gráfico 6 mostra a situação que considera apenas as receitas tributárias próprias e a parcela da arrecadação de tributos estaduais e federais que pertence aos municípios. Isto é, a distribuição da capacidade de financiamento que precede a incorporação do FPM. O gráfico 7 mostra o que muda após a incorporação do FPM aos orçamentos municipais. O gráfico 8, por sua vez, indica as correções processadas com a adoção de um critério de equalização fiscal no rateio do FPM.

A distorção promovida pelos atuais critérios de rateio do FPM fica mais evidente quando comparamos os resultados exibidos nos dois primeiros gráficos. No gráfico 6, que inclui apenas as receitas que se relacionam com as bases tributárias municipais, a distribuição da população residente segundo a capacidade de financiamento dos municípios é relativamente bem-comportada. Na metade dos municípios que exibem a menor capacidade de financiamento vive pouco menos de 1/3 (34%) da população brasileira. E nos 20% dos municípios que apresentam a maior capacidade de financiamento vivem 38% da população total.

GRÁFICO 6. Distribuição da população nos municípios conforme sua capacidade de financiamento fiscal (CFF1) antes das transferências federais — 2008

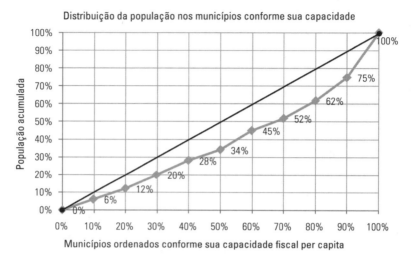

Fonte: Finbra STN.
Nota: CFF1 = arrecadação de tributos próprios (ISS, IPTU, ITBI, IRRF, taxas e contribuição de melhoria) + devolução da parcela devida aos municípios de impostos arrecadados por terceiros (ICMS, IPVA, ITR e IOF-ouro) + multas e juros + receita da dívida ativa.

O efeito do FPM é revelado no gráfico 7. A situação se inverte: a metade dos municípios com menores orçamentos per capita passa a abrigar 60% da população total, ao passo que o número de habitantes dos 10% dos municípios com os maiores orçamentos se reduz a apenas 2% da população brasileira — 10 vezes menos do que o indicado no gráfico anterior.

Com a adoção de um regime de equalização fiscal na repartição do FPM, as distorções apontadas são eliminadas. Curiosamente, como mostra a comparação do gráfico 8 com o gráfico 6, a curva que mostra a distribuição que resulta dessa mudança no rateio do FPM é igual à primeira, indicando que melhores resultados com a equalização ainda podem ser alcançados com mudanças no regime

A proposta 81

GRÁFICO 7. Distribuição da população nos municípios conforme sua capacidade de financiamento fiscal (CFF2) após a incorporação do FPM, FPEx e Lei Kandir — 2008

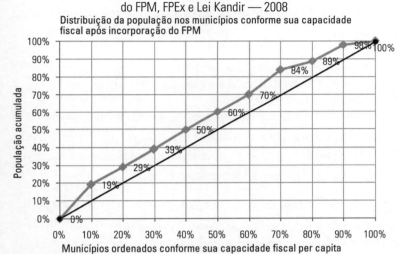

Fonte: Finbra STN.
Nota: CFF2 = arrecadação de tributos próprios (ISS, IPTU, ITBI, IRRF, taxas e contribuição de melhoria) transferências constitucionais intergovernamentais (ICMS, IPVA, ITR e IOF-ouro, FPM, FPEx e Lei Kandir) + multas e juros + receita da dívida ativa.

GRÁFICO 8. Distribuição da população nos municípios conforme sua capacidade de financiamento fiscal após adoção do critério de equalização no FPM

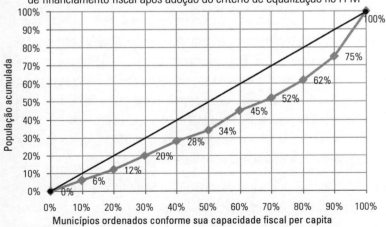

Fonte: Finbra STN.

tributário que corrijam as disparidades iniciais, isto é, aquelas que resultam da concentração das bases tributárias e do critério aplicado à cobrança do imposto estadual. O quadro 10 resume o problema em questão.

QUADRO 10. FPM e equalização municipal

- Assim como no caso dos estados, a adoção de um regime de equalização fiscal para a repartição dos recursos do FPM contribui para atenuar de forma significativa as principais distorções na capacidade de financiamento dos municípios.

- O principal resultado consiste em atenuar o efeito da sobreposição de uma cota elevada do FPM a uma participação igualmente elevada de pequenos municípios que abrigam atividades econômicas importantes no ICMS. Ao corrigir o efeito desse acúmulo, o número de micromunicípios, assim considerados aqueles com menos de 5 mil habitantes, enquadrados na categoria dos que exibem alta capacidade de financiamento cai expressivamente quando a repartição do FPM adota esse novo regime.

- Como as disparidades de capacidades fiscais entre os municípios brasileiros são muito elevadas, e grandes municípios na periferia das regiões metropolitanas exibem baixa capacidade de financiamento, pois sofrem o efeito inverso da sobreposição do FPM e da cota-parte no ICMS, a necessidade de recursos para trazer esses municípios para perto da média nacional é elevada. Por isso, a aplicação de uma regra de equalização na repartição dos recursos do FPM provoca uma expressiva mudança na distribuição desses recursos.

- De modo geral, o perfil da mudança aponta para a ocorrência de perdas nos micro e pequenos municípios e de ganhos nos pequenos e médios. Mas, mesmo entre os pequenos, observam-se situações

A proposta 83

divergentes que se devem a efeitos já mencionados do pré-rateio do FPM entre os estados para posterior repartição entre seus municípios, o que acentuou as diferenças entre eles.

- Na avaliação do impacto da adoção de um regime de equalização para os municípios, a observação do número de municípios que ganham ou perdem em comparação com a situação vigente esconde o efeito mais positivo dessa mudança: as populações que dela se beneficiam.

- As desigualdades apontadas no quadro 9 com respeito à distribuição da população e da capacidade de financiamento segundo os decis da distribuição mostram um retrato diferente. Com a equalização, a parcela da população residente nos 10% dos municípios com menor capacidade de financiamento diminui, enquanto aumenta a parcela que vive nos municípios que exibem capacidade financeira intermediária. As melhorias ocorrem em toda a distribuição, fazendo com que a desigualdade na repartição da capacidade municipal de financiamento caia de forma expressiva.

Tais observações ressaltam a necessidade de avançar na proposta de harmonização da tributação de mercadorias e serviços (presente nas recentes tentativas de reforma tributária), o que ampliaria em muito a equalização que é possível obter com os recursos do FPM.

O volume de recursos é a principal limitação para que os resultados da adoção de um princípio de equalização na repartição do FPM sejam melhores do que os resumidos no quadro 10. Melhorias adicionais significativas adviriam de mudanças no regime tributário que reduzissem as enormes disparidades iniciais, isto é, aquelas que resultam da concentração das bases tributárias e do critério aplicado à cobrança do imposto estadual.

A proposta de harmonização da tributação de mercadorias e serviços, adiante apresentada, ampliaria em muito a equalização possível

84 Reforma fiscal e equidade social

de alcançar com os recursos do FPM. Isto porque diminuiria a concentração das bases tributárias, em virtude de a repartição da receita do imposto estadual e também da cota-parte dos municípios nesse imposto passarem a se relacionar com o local onde as mercadorias são consumidas e não onde são produzidas.

Mais uma vez, esse fato põe em relevo a importância de a reforma fiscal tratar simultaneamente das várias dimensões do problema para que se vislumbre, de forma clara, suas vantagens para o país.

O aperfeiçoamento das garantias sociais

O foco das garantias deve ser o cidadão, e não o orçamento

Como já mencionado, a equalização da capacidade de gasto per capita não leva em conta outros fatores, além do tamanho da população, que interferem na determinação dos recursos necessários para o atendimento das demandas que se exercem nos limites territoriais de cada jurisdição, bem como diferenças no custo da provisão de serviços públicos em distintas regiões.

Em outras palavras, a equalização não é suficiente para promover o equilíbrio entre a repartição dos recursos e a repartição das demandas no território. Ela deve cuidar de garantir o menu básico de atividades de cada unidade da Federação. Tentativas de ampliar o escopo da equalização, mediante a adoção de múltiplos critérios para o rateio dos recursos, acarretam dificuldades operacionais que acabam por inviabilizar a operação desse regime, ou por promover distorções.

As variáveis socioeconômicas que influenciam o padrão das demandas sociais e urbanas se manifestam de forma diferenciada no território. Por isso, um critério único para redistribuir os recursos não consegue refletir com razoável aproximação as respectivas necessidades de recursos. Regimes específicos aplicados a cada setor podem produzir melhores resultados.

Os regimes específicos de financiamento ganharam força com a descentralização da gestão pública na área social, tendo em vista promover a cooperação financeira e administrativa dos entes federados na gestão desses serviços. No Brasil, os setores de educação e de saúde já desenvolvem experiências dessa natureza há cerca de três décadas, buscando um constante aperfeiçoamento.

A primeira iniciativa nessa direção se deu no marco do processo de transição para a democracia, no início da década de 1980, com a adoção da chamada Lei Calmon,* que vinculou 13% das receitas do governo federal e 25% da receita de estados e municípios a gastos com educação.

A Constituição Federal de 1988 ampliou as garantias concedidas à educação e reforçou o processo de construção de um sistema universal de atendimento da saúde, mediante a instituição de novas garantias financeiras específicas para tanto, tendo em vista universalizar a cobertura e melhorar a qualidade dos serviços. Não obstante os méritos dessas iniciativas e os avanços alcançados, duas questões devem merecer maior atenção.

A primeira é o reconhecimento de que o mecanismo atual, em que tais garantias se baseiam na vinculação de receitas públicas, não é suficiente para criar as condições necessárias ao cumprimento satisfatório das responsabilidades do Estado no campo do atendimento dos direitos constitucionais dos cidadãos.

Tal mecanismo tem o vício de ignorar que as garantias financeiras deveriam se relacionar com as demandas pelos programas e atividades que devem ser protegidos, e não com o tamanho dos orçamentos. Se o objetivo é proteger o cidadão, as garantias financeiras deveriam

---

* Lei nº 7348/85, que regulamentou a Emenda Constitucional nº 24, de julho de 1983.

ter como referência a população, e não o orçamento. E não apenas o tamanho da população, mas também suas características socioeconômicas, em particular o perfil etário e os indicadores de pobreza. Na regra atual, os recursos encolhem em períodos de retração econômica devido à queda na arrecadação e à concessão de estímulos fiscais para aquecer a economia, o que não ocorreria se a referência fosse a população. Contraditoriamente, os recursos encolhem quando a ação do governo é mais necessária para atender ao aumento da demanda por parte das populações que mais dependem da ação do Estado. Por outro lado, num momento de expansão econômica, a regra vigente garante um ajuste automático, mas não protege contra medidas de política fiscal que reduzam a carga tributária para sustentar a competitividade da economia e preservar seu crescimento.

Se o foco das garantias fosse dirigido para o cidadão, os recursos não estariam vulneráveis ao impacto de conjunturas econômicas adversas sobre o orçamento, nem à manipulação de regras orçamentárias para contorná-las.

Garantias e transferências precisam estar associadas

A segunda questão a ser reavaliada refere-se à ausência de vínculo entre o regime de garantias sociais e o sistema de transferências. Por um lado, as transferências federativas não corrigem as disparidades fiscais que resultam da desigualdade na repartição das bases tributárias. Por outro, a instituição de garantias ignora essa questão ao vincular percentuais uniformes das receitas orçamentárias de estados e municípios a gastos com educação e saúde.

A aplicação de percentuais uniformes ao quadro de enormes desequilíbrios fiscais já abordado reproduz esses desequilíbrios no tocante à repartição da capacidade de financiamento desses setores. Em decorrência, esse regime gera enorme desperdício e ineficiência na gestão dos recursos públicos, pois as localidades em que a população

A proposta 87

diminui e envelhece são obrigadas a aplicar 25% em educação e 15% em saúde, quando percentuais opostos talvez fossem mais condizentes com as respectivas necessidades.

Como a repartição da capacidade de financiamento desses setores não se relaciona com as variáveis que influenciam a localização das respectivas necessidades, sobra dinheiro em alguns lugares e faltam recursos em outros. Mais dinheiro do que o necessário em uma dada localidade incentiva a prática da "contabilidade criativa" e a aplicação de recursos em ações menos prioritárias. Menos dinheiro do que o devido limita a cobertura do atendimento e prejudica as populações que não têm acesso a serviços públicos de qualidade. O corolário é a perda de eficácia das garantias. Ademais, a convivência com excessos e escassez gera conflitos em jurisdições adjacentes em razão do deslocamento dos usuários dos serviços para localidades próximas em busca de melhor atendimento.

As virtudes e as limitações do Fundeb

O reconhecimento das distorções apontadas veio com a adoção do Fundef, que, mediante uma solução engenhosa para contornar as limitações a uma mudança mais ampla, promoveu a redistribuição intraestadual dos recursos vinculados à educação. Seu propósito foi aproximar a disponibilidade de recursos em cada jurisdição política do tamanho das demandas a serem por elas atendidas, representadas, nesse caso, pela localização das matrículas escolares. Os ganhos obtidos com a adoção do Fundef propiciaram a posterior ampliação do modelo, de forma a estender o alcance dessa fórmula a todo o ensino básico com a criação do Fundeb.*

---

* O Fundef é o Fundo de Manutenção e Desenvolvimento do Ensino Fundamental e de Valorização do Magistério, e o Fundeb é o Fundo de Manutenção e Desenvolvimento da Educação Básica e de Valorização dos Profissionais da Educação.

Embora de inegável êxito, a solução aplicada no caso da educação tem duas limitações importantes. Primeiro, a redistribuição de recursos que propicia restringe-se aos limites políticos de cada estado, exigindo recursos federais para que o piso do gasto estabelecido seja alcançado nos estados mais pobres, o que acaba limitando o valor do próprio piso em face das restrições ao aporte de recursos federais. Assim, o piso nacional deixa de ser suficiente para evitar uma indesejável discriminação no padrão de atendimento em função do estado de residência, pelo fato de estados mais ricos poderem aplicar mais do que o piso.

A segunda limitação tem a ver com a impossibilidade de corrigir plenamente as disparidades fiscais que resultam do acúmulo de transferências e da ausência de uma lógica para integrá-las, mediante qualquer espécie de redistribuição. Municípios em que a receita orçamentária se beneficia de situações especiais, em virtude de neles estar situada uma indústria importante (uma refinaria de petróleo, por exemplo), ainda ficam com um montante elevado de recursos a serem obrigatoriamente aplicados em educação, após direcionarem 20% de suas receitas de transferências constitucionais ao Fundeb.

Tal situação pode estimular a aplicação desses recursos em atividades menos prioritárias em algumas localidades, como a criação de universidades e centros esportivos, ou mesmo o exercício da chamada contabilidade criativa. Portanto, apesar de seus méritos, o modelo do Fundeb, além de limitar o valor do piso nacional, não é suficiente para garantir a igualdade de acesso de todos os cidadãos a um mesmo padrão de provisão de serviços educacionais, para corrigir plenamente as distorções que acarretam ineficiência na gestão do gasto público no setor, e para promover a equidade inter-regional. Ganhos importantes podem ser obtidos se o Fundeb operar em reforço a um regime de equalização fiscal, como veremos em seguida.

O caso da saúde é mais complexo

No caso da saúde, a inexistência de uma variável que identifique com clareza a localização das demandas, como as matrículas escolares, aumenta a dificuldade de corrigir os desequilíbrios entre a localização das garantias financeiras e a correspondente localização das demandas a serem atendidas.

Na saúde, é a concentração da oferta, principalmente no que concerne ao atendimento médico mais sofisticado, que determina a concentração das demandas, fato que se revela na importância que a compra de ambulâncias tem nas decisões sobre a destinação dos recursos vinculados ao setor. Nessa área, portanto, a política de investimentos na expansão e na melhoria da rede pública, principalmente em regiões metropolitanas e em outros aglomerados urbanos, precisa ser coordenada para organizar a prestação de serviços médico-hospitalares no território.

Em tese, caberia aos governos estaduais a responsabilidade de organizar a política de investimentos, ficando a prestação de serviços sociais a cargo dos municípios, mas no federalismo brasileiro, em que a autonomia municipal não comporta a ingerência dos estados nos negócios locais, essa função não pode ser exercida. Ademais, ainda que isso fosse possível, os desequilíbrios verticais já mencionados não permitiriam que isso ocorresse. Com a perda de posição dos estados na Federação brasileira, a coordenação das políticas sociais depende da adoção de medidas que induzam à cooperação no financiamento e na gestão dessas políticas em todo o território nacional.

A regulação das transferências de recursos federais a estados e municípios para financiar ações do Sistema Único de Saúde (SUS) tem atentado para a necessidade de limitar as distorções decorrentes de vinculações uniformes de percentuais das receitas de estados e municípios ao setor. Mas o potencial dessas medidas para atenuar o problema é bem menor quando comparado ao da fórmula adotada no caso da educação, em face dos desequilíbrios fiscais apontados.

As vantagens de associar garantias e equalização

Maiores avanços podem advir da recomendação de operar o regime de garantias financeiras para a educação e a saúde de forma complementar a um regime de equalização fiscal. Nessa proposta, a vinculação das receitas orçamentárias de estados e municípios a esses setores seria aplicada após o regime de equalização ter reduzido significativamente as disparidades horizontais na repartição das receitas orçamentárias per capita. Com isso, as disparidades na capacidade local de financiamento das ações básicas de educação e de saúde ficariam também significativamente atenuadas.

Em decorrência, as transferências de recursos federais poderiam se orientar pelos objetivos de complementar os recursos necessários ao financiamento de atividades básicas, quando fosse preciso, e de aproximar a repartição territorial dos recursos e das demandas pelas demais ações de cada setor, tendo em conta os fatores específicos que determinam essas demandas.

Essa mudança tem em mira o princípio de que as garantias financeiras deveriam ter como foco o cidadão. Menores disparidades na capacidade de estados e municípios financiarem ações básicas permitem que os recursos federais propiciem o alcance de um patamar mais elevado com respeito ao padrão de serviços educacionais e de saúde oferecidos pelo Estado.

É fundamental que os propósitos e as vantagens dessa mudança sejam compreendidos. O propósito, conforme mencionado, é aumentar a eficiência e a eficácia dos recursos aplicados, de modo a reduzir as disparidades de oportunidades de ascensão social de todo cidadão, independentemente de seu local de moradia. As vantagens derivam da combinação de menor disparidade na repartição dos recursos estaduais e municipais com maior estabilidade dos recursos aportados pelo governo federal. O quadro 11 resume as vantagens dessa mudança.

A proposta

QUADRO 11. Garantias e equalização fiscal — vantagens da associação

- Num quadro de acentuadas disparidades fiscais, a vinculação de percentagens uniformes dos orçamentos estaduais e municipais a gastos com educação e saúde reproduz essas disparidades em escala ampliada, contribuindo para que a localização das demandas por esses serviços se distancie da correspondente localização das capacidades de financiamento.

- Um regime de equalização fiscal reduz as disparidades dos orçamentos per capita de estados e municípios, propiciando uma base menos desigual para a operação de um regime de garantias financeiras com as características apontadas, aproximando a localização das demandas da localização dos recursos.

- Dessa forma, o aporte de recursos federais para complementar os recursos estaduais e municipais pode contribuir de forma mais efetiva para o objetivo de assegurar o acesso universal a um padrão de prestação desses serviços que nivele as oportunidades de ascensão social de todo cidadão brasileiro, independentemente de seu local de moradia.

- No caso da educação, o mesmo montante de recursos hoje aplicado pelo governo federal para alcançar o piso nacional de gasto por aluno nos estados em que esse piso não é atingido após a operação do Fundeb permitirá o aumento do valor do piso nacional.

- No caso da saúde, as transferências federais poderão direcionar menor volume de recursos para financiar as ações básicas de saúde e aumentar o repasse para as ações de maior complexidade e para investimentos que contribuam para reduzir a concentração da rede de prestação de serviços.

> • Em ambos os casos, as transferências federais poderão ainda estimular uma cooperação maior entre os entes federados no planejamento e na gestão dos gastos, de modo a aumentar a eficiência e a eficácia das garantias.

Uma nova regra para determinar o montante do gasto federal

A estabilidade dos recursos federais adviria de uma nova regra constitucional, que obrigaria o governo federal a aplicar volumes mínimos de gasto per capita nos setores em questão. Dessa forma, o gasto nos programas protegidos por tais garantias não estaria sujeito a quedas na arrecadação, nem à utilização de impostos não incluídos na composição dessas garantias para compor o orçamento federal.

Esse mínimo corresponderia a um piso de gasto definido em função das metas de desempenho fixadas no plano estratégico contemplado na proposta de reforma orçamentária adiante apresentada. O valor desse piso deveria ser definido com base no plano estratégico de cada setor e poderia ser objeto de uma disposição constitucional transitória, que permitisse ajustá-lo a mudanças decorrentes de uma dinâmica socioeconômica que se processa a uma velocidade crescente e gera efeitos pronunciados no padrão das demandas sociais. A instituição do Fundeb, que prevê uma revisão decenal, ajuda a defender essa tese.

O piso impede que os recursos diminuam em momentos desfavoráveis para a economia, mas não impede que, em ciclos econômicos ascendentes, volumes maiores de recursos sejam aplicados. Decisões para aumentar os recursos em períodos de expansão econômica poderiam ser adotadas por ocasião da elaboração dos planos plurianuais de cada administração, tendo em conta a necessidade de adotar um caráter anticíclico na gestão da política fiscal.

A proposta   93

A interligação do regime de transferências federativas e do regime de garantias sociais amplia o potencial de geração de melhores resultados em ambas as frentes. A razão para isso é a seguinte: como essa combinação reduz as disparidades na capacidade de financiamento de estados e municípios, as transferências federais podem propiciar, a todo cidadão brasileiro, o acesso a um padrão nacional mais elevado de oferta de serviços básicos indispensáveis à obtenção de condições equivalentes de ascensão social.

Pode-se obter um ganho adicional se o regime de equalização fiscal for aplicado ao quadro de menores disparidades na repartição das receitas próprias de estados e municípios que resultaria da harmonização da tributação de mercadorias e serviços. A interação desses efeitos está na origem da justificativa de uma reforma fiscal abrangente.

Como mudam as disparidades na capacidade de financiamento da saúde e da educação com a proposta de integrar garantias e equalização?

O quadro 12 resume os resultados de um exercício que compara a repartição atual da capacidade de financiamento da saúde e da educação com a que resultaria da adoção da proposta de aplicar a vinculação dos orçamentos municipais a esses setores após ser promovida a repartição dos recursos do FPM segundo o princípio de equalização fiscal.

As vantagens dessa mudança em relação à situação vigente são evidentes. Como a equalização reduz as disparidades regionais na capacidade de financiamento dos municípios, aumenta os recursos com que a população das regiões mais pobres passa a contar para melhorar suas condições socioeconômicas, contribuindo assim para o objetivo de promover a equidade social.

QUADRO 12. A equalização fiscal e a equidade social

● Uma das consequências perversas das distorções decorrentes das regras de repartição das transferências federais a estados e municípios é a reprodução das disparidades fiscais na repartição da capacidade de financiamento das políticas de saúde e de educação, em razão da vinculação de percentagens uniformes das receitas estaduais e municipais a gastos nesses setores.

● No caso da educação, o Fundeb corrige parcialmente essas disparidades. O piso nacional contribui para reduzir as disparidades regionais, pois diminui o número de municípios no Norte, Nordeste e Centro-Oeste com baixa capacidade de financiamento. E a redistribuição dos recursos dentro de cada estado reduz o número de municípios no Sul e no Sudeste com alta capacidade de financiamento. A concentração de recursos nas capitais também se reduz, pois diminui o número das que apresentam alta capacidade e aumenta o das que ficam na faixa intermediária. Não obstante, as disparidades ainda são grandes.

● Na saúde, as transferências federais não levam em conta as disparidades geradas pela vinculação das receitas estaduais e municipais e, portanto, contribuem para ampliá-las. A municipalização da saúde deve explicar esse resultado, pois as transferências diretas de recursos para a atenção básica devem avançar mais rapidamente naqueles municípios que já tinham alta capacidade de financiamento.

● Em ambos os casos, a aplicação da vinculação depois de adotada a equalização corrige as principais disparidades. As situações extremas são reduzidas e o número de municípios com capacidade média de financiamento aumenta. Diminuem também as disparidades regionais.

A proposta 95

- A redução das disparidades na capacidade de financiamento da educação com a adoção da nova regra permite aumentar o piso nacional com o mesmo montante de recursos federais hoje destinados a isso, em razão da redução das disparidades entre os estados promovida pela equalização, que corrige uma das principais deficiências do Fundeb.

- No caso da saúde, as mudanças na repartição da capacidade de financiamento decorrentes da equalização podem levar a uma revisão dos critérios adotados para transferir os recursos destinados aos programas de atenção básica e viabilizar um maior esforço para desconcentrar a rede de atendimento hospitalar.

- Tanto na saúde quanto na educação, o efeito da mudança em questão, do ponto de vista das populações beneficiadas, é expressivo. Na regra atual, a participação dos municípios do Norte e do Nordeste no FPM é de 42%. Esse índice aumenta para 56% após ser adotado o princípio da equalização na repartição desse fundo.

- Em decorrência, a redistribuição promovida por essa mudança aumenta em mais de 10 pontos percentuais a capacidade de financiamento municipal da educação e da saúde nessas regiões.

Não há almoço grátis: quem recebe o dinheiro deve prestar conta dos resultados

Uma questão adicional com respeito à instituição de regimes específicos de financiamento para programas sociais tem a ver com a assunção de compromissos para o alcance de metas de resultados. Como demonstra a experiência internacional, e também o caso brasileiro, na ausência de compromisso com a geração de resultados a eficácia das garantias financeiras é reduzida, uma vez que não há controle sobre a utilização dos recursos, nem incentivos para que estes sejam aplicados de forma eficiente.

Os maus resultados dos estudantes brasileiros nas avaliações internacionais de desempenho escolar são um indício importante da falta que fez a não associação de compromissos com a geração de resultados às garantias financeiras, visto que há quase 30 anos os governos federal, estaduais e municipais são obrigados a aplicar um percentual expressivo de suas receitas na educação. Não obstante, o desempenho dos estudantes brasileiros em pesquisas internacionais que incluem países com renda semelhante à nossa é sofrível, como mostram os números apresentados na tabela 1.

TABELA 1. Desempenho dos estudantes brasileiros em testes internacionais

Class.	Países	Matemática
1	Taiwan	549
2	Finlândia	548
3	Hong Kong	547
4	Coreia do Sul	547
5	Holanda	531
6	Suíça	530
7	Canadá	527
8	Macau	525
9	Liechtenstein	525
10	Japão	523
54	Brasil	370

Class.	Países	Ciências
1	Finlândia	563
2	Hong Kong	542
3	Canadá	534
4	Taiwan	532
5	Estônia	531
6	Japão	531

7	Nova Zelândia	530
8	Austrália	527
9	Holanda	525
10	Liechtenstein	522
52	Brasil	390

Class.	Países	Leitura
1	Coreia do Sul	556
2	Finlândia	547
3	Hong Kong	536
4	Canadá	527
5	Nova Zelândia	521
6	Irlanda	517
7	Austrália	513
8	Liechtenstein	510
9	Polônia	508
10	Suécia	507
49	Brasil	393

Fonte: VELLOSO, Raul. 15 anos de avanços na educação no Brasil: onde estamos? In: VELOSO, Fernando; PESSÔA, Samuel; HENRIQUES, Ricardo; GIAMBIAGI, Fabio. *Educação básica no Brasil:* construindo o país do futuro. Rio de Janeiro: Elsevier, Campus, 2009.
Nota: resultado do Pisa para 57 países, incluindo Argentina, Chile, Indonésia e México, para o ano de 2006.

Embora as evidências para a área da saúde não estejam apoiadas em avaliações semelhantes, a grande insatisfação dos usuários dos serviços públicos com a qualidade do atendimento prestado é um indício de que a eficácia das garantias financeiras também é prejudicada nesse caso.

Novamente, o reconhecimento da importância de associar as garantias financeiras a compromissos com resultados veio da área de educação. Com o Plano de Desenvolvimento da Educação (PDE), o Governo Federal define metas de desempenho para o ensino básico e afere o cumprimento dessas metas com base em um indicador especialmente construído para essa finalidade, oferecendo assistência técnica aos municípios que não alcançam as metas estipuladas. De acordo com resultados divulgados pelo MEC, a iniciativa de estipular metas de desempenho e desenvolver indicadores para verificar seu cumprimento já estaria dando resultados positivos.

Não basta definir metas e selecionar os indicadores a serem utilizados para monitorar seu cumprimento. Melhores resultados dependem também da cooperação intergovernamental na gestão das políticas sociais. A esse respeito, uma forma de incentivar a cooperação é usar as transferências federais com essa finalidade.

As mudanças que vêm sendo adotadas no que diz respeito ao repasse de recursos federais a estados e municípios para complementar o financiamento do SUS parecem sinalizar nessa direção. As transferências que tratam do financiamento das ações básicas de saúde incluem incentivos à cooperação em programas que buscam aumentar a eficácia dessas ações. No tocante às ações de maior complexidade, busca-se agregar novos elementos para corrigir distorções que se acumularam ao longo do tempo com a utilização de valores históricos para a determinação do valor dos repasses a governos subnacionais. Maior atenção também vem sendo dada aos investimentos para racionalizar a distribuição da rede de atenção à saúde e melhorar a eficiência na aplicação dos recursos.

Maiores avanços no sentido da cooperação podem ser obtidos introduzindo-se uma nova modalidade de incentivo nas transferências federais. Esse novo incentivo seria criado mediante a substituição de transferências unilaterais por contrapartidas federais. As contrapartidas atenderiam a duas finalidades complementares: garantir a uniformidade do padrão de provisão dos serviços básicos em todo o território nacional e direcionar os recursos necessários para financiar atividades de maior complexidade em razão inversa à capacidade de financiamento de cada um, de forma a reduzir iniquidades e contribuir para uma repartição territorial mais equilibrada da rede de prestação de serviços (ver quadro 13 para detalhes).

A proposta 99

Nesse caso, uma parcela adicional das transferências federais deveria ser direcionada para a cooperação nas decisões de investimento e na gestão das ações de maior complexidade, para evitar os problemas que a excessiva concentração de equipamentos sofisticados em localidades mais desenvolvidas acarreta.

QUADRO 13. Contrapartidas federais e cooperação intergovernamental

• Um dos objetivos de um regime de contrapartidas federais a recursos aplicados por estados e municípios nas áreas de educação e saúde é aumentar a eficácia dos recursos aplicados mediante o incentivo à cooperação intergovernamental no planejamento e na prestação desses serviços.

• As contrapartidas funcionam da seguinte maneira: regras inseridas no regime de transferências estipulam que, para cada real aplicado pelos governos estaduais e municipais nos programas selecionados, o Governo Federal aportará uma quantia adicional de recursos para compor o financiamento.

• Essa quantia é fixada como uma fração, ou um múltiplo, do que foi aplicado localmente, dependendo do caso. Para evitar que as localidades que dispõem de menos recursos sejam prejudicadas, a fração, ou o múltiplo, pode variar em função das respectivas capacidades fiscais.

• Para evitar que a conta a ser paga pelo Governo Federal ultrapasse as disponibilidades financeiras, são estabelecidos limites para o aporte de recursos federais, os quais também variam em razão das capacidades financeiras dos beneficiários. Por exemplo, a regra estipula que o Governo Federal aportará o dobro do valor aplicado por determinado município até o limite de x milhares (ou milhões) de reais.

- Mediante a diferenciação das contrapartidas, é possível incentivar o direcionamento dos recursos compulsoriamente aplicados nos setores em tela para ações que tenham maior potencial de contribuir para o objetivo de nivelar as oportunidades de ascensão social.

- De outra parte, as contrapartidas podem gerar fortes incentivos à cooperação, especialmente com respeito a uma melhor distribuição da rede de prestação de serviços, à qualificação dos recursos humanos e à organização da oferta nos casos em que a complexidade dos serviços requer hierarquia no atendimento

Um incentivo adicional à cooperação nas decisões de investimento para equilibrar a repartição da rede hospitalar poderia advir de uma nova diretriz a ser incorporada às políticas de crédito de instituições financeiras federais. Nesse caso, a sugestão seria condicionar a concessão de empréstimos para a realização de investimentos a propostas concebidas de forma articulada por governos estaduais e municípios, principalmente no caso de investimentos em áreas metropolitanas e demais aglomerações urbanas, de forma a evitar as distorções que decorrem de iniciativas isoladas.

Garantias e cooperação fazem parte de uma mesma preocupação em assegurar recursos para financiar políticas sociais patrocinadas pelo governo central e executadas em parceria com os governos subnacionais. O objetivo de um regime de garantias que trate da cooperação financeira no plano das políticas sociais é viabilizar a adoção de padrões nacionais de provisão de serviços básicos em todo o país, tendo, portanto, um óbvio caráter de instrumento de redução das disparidades de renda familiar e de promoção da equidade social.

A proposta 101

A modernização do sistema tributário

Também é importante saber se os recursos
são obtidos de forma justa e eficiente

Os parágrafos anteriores trataram das medidas necessárias para aproximar a capacidade de financiamento de cada ente federado das necessidades e demandas de seus habitantes. Mas quais as implicações decorrentes da forma de arrecadar o dinheiro repartido?

Como já visto, a equidade fiscal e a qualidade do gasto são particularmente afetadas pela qualidade de seu financiamento. Impostos de má qualidade entravam o crescimento econômico, desestimulam a geração de empregos e impõem um ônus excessivo aos contribuintes de baixa renda. São economicamente ineficientes e socialmente injustos.

Um regime eficiente de tributação de mercadorias e serviços é aquele em que o imposto incide sobre o consumo. A produção, os investimentos e as exportações não podem ser onerados. Nesse regime, o imposto pago pelo consumo de determinado produto ou serviço deve ser o mesmo, independentemente do local em que a mercadoria seja produzida ou consumida. Isso significa que não podem existir barreiras tributárias à livre circulação de bens em todo o território nacional. As fronteiras fiscais devem coincidir com as fronteiras nacionais.

Dois outros atributos importantes também devem estar presentes. O imposto tem de ser transparente; o consumidor precisa saber quanto de imposto está contido naquilo que consome. Isso é essencial para a formação da cidadania tributária. E o contribuinte não deve arcar com ônus elevados para cumprir com as obrigações tributárias estabelecidas em lei. O imposto deve ser simples, sem que a simplificação se limite a facilitar a arrecadação.

O regime tributário brasileiro já esteve mais próximo desses princípios, mas estes foram sendo progressivamente abandonados. Esse abandono se acentuou na medida em que a duração da crise econômica jogou para segundo plano as preocupações com a competitividade tributária e que a eficiência dos tributos entrou em choque com as demandas por responsabilidade fiscal.

Para cumprir as metas de arrecadação, os administradores de impostos foram estimulados a adotar métodos simplificados, menos exigentes em termos de fiscalização, para coletar os impostos. A comodidade tributária prevaleceu sobre os princípios clássicos de tributação quando começou a recair sobre quem arrecada a tarefa principal de gerar recursos para reduzir desequilíbrios nas contas públicas e evitar o descontrole do endividamento. Juntamente com a eficiência foi-se também a preocupação com a justiça fiscal.

Embora o Brasil tenha sido pioneiro na adoção de impostos modernos sobre o valor agregado na segunda metade dos anos 1960, o acúmulo de distorções provocadas por mudanças posteriores retirou o caráter de neutralidade econômica dessa modalidade de tributação. O crescimento de outras incidências sobre a produção e o consumo de mercadorias, como as contribuições para a seguridade social, impulsionou o aumento da carga tributária e impôs um ônus relativamente mais pesado sobre os contribuintes de menor capacidade contributiva.

Incidências múltiplas e mudanças pontuais criaram outros problemas: instabilidade normativa, incertezas e falta de transparência. As incertezas geradas por mudanças frequentes nas regras que regulam a aplicação dos tributos afetam decisões de investimento e, portanto, interferem negativamente na competitividade da economia. A falta de transparência, decorrente da fragmentação das bases tributárias e de incidências cumulativas ao longo das diferentes etapas do processo produtivo, não permite que os contribuintes tenham conhecimento do real tamanho da carga tributária que suportam, impedindo o controle da sociedade sobre o Estado e a responsabilização dos governantes (*accountability*).

A proposta

103

É preciso mudar essa situação. Mas como? Faz tempo que a reforma tributária frequenta a lista das reformas necessárias para o desenvolvimento do país, sem que tenha sido possível obter o entendimento necessário para aprová-la. Já vimos que a razão para isso foi a insistência em propor reformas parciais. O que muda se essa questão for abordada à luz dos objetivos de uma ampla reforma fiscal?

O país é um só, portanto, as fronteiras fiscais devem coincidir com as fronteiras nacionais

A multiplicidade de incidências tributárias sobre a produção e a circulação de mercadorias e serviços gera uma situação que colide com os processos de abertura econômica e de integração continental. Diferenças na carga tributária suportada pelos produtos nacionais e pelos similares importados expulsam do mercado boa parte do que aqui é produzido, estimulando a compra de produtos estrangeiros. Impostos diferentes tornam os brasileiros cidadãos também diferentes do ponto de vista tributário, estimulando o conflito e os antagonismos federativos. Habitantes de regiões mais pobres pagam mais pelo consumo de produtos essenciais do que os que vivem nas regiões mais ricas.

A cidadania nacional precisa entrar em sintonia com a cidadania fiscal. O caminho para essa mudança é a substituição de todos os tributos que hoje oneram a produção e a comercialização de mercadorias e serviços — federais, estaduais e municipais — por um só imposto sobre o consumo nacional desses bens. A base para o cálculo do imposto devido seria uniforme, assim como os procedimentos aplicados à cobrança, à arrecadação e à fiscalização do imposto devido. E o produto de sua arrecadação seria automaticamente partilhado com estados e municípios, de acordo com regras estabelecidas no texto constitucional.

Em obediência ao princípio da eficiência econômica, esse imposto seria aplicado ao valor que é adicionado a cada mercadoria e serviço ao longo de toda a cadeia de produção e comercialização desses bens, de forma que o montante pago ao final desse processo corresponda à taxa que onera seu consumo. No jargão técnico, esse imposto assume o caráter de um imposto sobre o valor agregado (IVA). O caráter desse imposto permite que este elimine as barreiras ao comércio interestadual, dê tratamento uniforme aos produtos da cesta básica, desonere plenamente exportações e investimentos e racionalize o custo de cumprimento das obrigações acessórias.

Ademais, um imposto nacional é uma solução mais adequada à federação de três níveis instituída no Brasil pela Constituição de 1988, pois torna a parcela dos municípios nesse imposto independente da receita estadual. No regime atual, os municípios participam da arrecadação do imposto de seus respectivos estados, o que vincula a receita municipal à arrecadação estadual. Portanto, municípios de um mesmo porte populacional, mas de estados distintos, apresentam grandes disparidades. Nessa solução, as diferenças entre os grupos de municípios deixariam de refletir as disparidades estaduais.

Um só imposto nacional daria maior transparência ao regime tributário e facilitaria a negociação de mudanças que tivessem por alvo a promoção do equilíbrio federativo. Isto porque as dimensões vertical e horizontal do equilíbrio federativo, já analisadas, seriam definidas simultaneamente, mediante o estabelecimento dos percentuais de participação de cada ente federado no total da arrecadação desse imposto e da parcela da receita federal que integraria a base das transferências federativas. Dessa forma, a repartição dos recursos tributários poderia se ajustar mais facilmente ao avanço do processo de descentralização das responsabilidades de gasto mediante a revisão periódica desses percentuais.

Como a parcela de estados e de municípios nesse imposto deve ser distribuída entre eles conforme o consumo realizado nos respectivos territórios, a necessidade de recursos para reduzir os desequilíbrios horizontais, mediante a operação de um regime de equalização fiscal,

A proposta 105

será menor, pois a distribuição do consumo é menos concentrada do que a distribuição da produção. Além disso, a opção por esse tributo também facilitaria a operação da equalização fiscal, pois evitaria a necessidade de adotar procedimentos complexos para apurar o potencial de geração de receita própria de cada estado e município.

O imposto nacional também corrigiria outra distorção importante na situação vigente: a regressividade no financiamento dos benefícios auferidos pela população pobre, que, em algumas situações, entregam ao governo, por meio do pagamento de impostos, mais do que recebem como beneficiários de programas de transferência de renda.

Na situação vigente, o governo federal se vê obrigado a aumentar tributos de má qualidade para financiar seus gastos porque é obrigado a repartir cerca de metade do imposto de renda com estados e municípios. Todos perdem com a manutenção dessa armadilha. A redução na base das transferências federativas prejudica estados e municípios. Os contribuintes de baixa renda arcam com um ônus tributário excessivo. E as perdas sofridas pela Federação se transformam em perda também para as garantias sociais, pois reduzem os recursos que estados e municípios são obrigados a aplicar nos setores protegidos. Ademais, o descompasso entre a concentração dos recursos e a descentralização das políticas sociais acarreta ineficiência na gestão dessas políticas.

Ao contrário do que é alegado, um imposto nacional uniforme não implica perda de autonomia federativa. Como o imposto seria regulado por uma norma nacional aprovada no Congresso, os interesses federativos seriam negociados em um fórum no qual todos estariam representados. Isso contribuiria para fortalecer a coesão federativa e eliminar os conflitos atuais que se nutrem do desrespeito às regras vigentes. Na verdade, no compartilhamento da autonomia, o governo federal é que perderia a condição de legislar de modo independente sobre os impostos de sua competência.

A forma mais simples de adotar um imposto nacional é concentrar a arrecadação em um único ente federado e repartir o produto automaticamente segundo percentuais predefinidos. Mas existe também a possibilidade de permitir que cada ente federado arrecade diretamente sua parte nesse imposto. Nesse caso, o repartido seria a base tributária comum. A repartição da receita dependeria das alíquotas a serem estabelecidas, preferencialmente de forma simultânea.

Nessa opção, as decisões que tratam da correção das disparidades verticais e horizontais também poderiam ser feitas simultaneamente, embora de maneira diferente da anterior. O equilíbrio vertical seria objeto de negociações que conduzissem à definição simultânea das alíquotas. E nessa definição teria de ser levada em conta a parcela do IVA federal que deveria se reunir às demais receitas da União para financiar o regime de equalização fiscal.

Em relação a um imposto nacional, a partilha das bases tributárias tem a vantagem de corrigir as principais distorções que o sistema tributário apresenta, ao mesmo tempo que preserva espaço para que cada ente federado disponha de algum poder discricionário no campo do estabelecimento de alíquotas e da administração tributária.

As duas modalidades de harmonização tributária abrem novas perspectivas para um federalismo cooperativo. Um dos principais entraves à melhoria da qualidade do gasto e à isonomia de oportunidades sociais é a dificuldade que os conflitos e antagonismos vigentes acarretam para a cooperação dos entes federados no planejamento e na gestão das políticas públicas. A harmonização tributária fortalece a união nacional, e a união nacional é importante para a cooperação federativa.

Quem pode menos carrega um peso maior: é preciso melhorar a distribuição da carga tributária

Uma das razões para que a carga tributária onere relativamente mais quem tem menor capacidade contributiva é a menor importância do imposto de renda na sua composição. Na primeira década deste sécu-

A proposta

lo, a participação da tributação da renda na carga tributária nacional não apresentou variação significativa: oscilou em torno de um patamar de pouco menos da quinta parte desse bolo, sem indicar uma tendência clara de poder superá-lo.

A dualidade tributária já mencionada contribuiu para manter essa situação. Isso porque, conforme já enfatizado neste livro, o que fica nos cofres do Governo Federal, após a partilha da receita do IR com estados e municípios e o depósito da parcela dos fundos regionais, é pouco mais da metade do arrecadado. Daí a preferência por usar os tributos que não são automaticamente partilhados para compor o orçamento da União.

A restrição imposta pela dualidade tributária afeta particularmente o imposto arrecadado das pessoas físicas, pois este é inteiramente partilhado. No tocante ao imposto que incide sobre o lucro das empresas, o efeito dessa dualidade se manifesta de forma indireta e depende do efeito do ciclo econômico sobre a arrecadação. O crescimento do IRPJ aumenta as transferências e beneficia a Federação. Já o aumento da CSSL reverte integralmente para a seguridade social. Em qualquer caso, o resultado é ruim para o orçamento federal: a Federação fica com pouco menos da metade do arrecadado por um, e não pode dispor livremente do que é arrecadado por outro.

Em ambos os casos, portanto, não há incentivos para aumentar a tributação da renda. Por isso, a contribuição desse imposto para a formação do bolo tributário oscila em função da natureza do ciclo econômico, e essas oscilações são particularmente notadas nos anos que marcam a inversão dos ciclos. Boa parte da arrecadação no ano em que a economia para, ou desacelera, reflete lucros e rendas auferidos no ano em que ela andava a ritmo acelerado. Assim, aumenta a receita sobre as rendas no momento em que cai a arrecadação dos impostos que incidem sobre mercadorias e serviços, dando ao observador desatento a impressão de ganhos do ponto de vista da equidade da tributação.

Portanto, assim como no caso da harmonização da tributação de mercadorias e serviços, a melhoria da qualidade da mescla de impostos que formam o bolo tributário depende da eliminação da dualidade tributária vigente. A solução técnica é simples: reunir o que não devia ter sido separado. A base sobre a qual incide a tributação da renda das empresas é uma só e o artifício criado para separá-las — num caso, é o lucro bruto, no outro, o lucro líquido — dá margem para o exercício do planejamento tributário, que acaba comprometendo a qualidade desse tributo e os propósitos de melhorar sua arrecadação.

A dificuldade é ilusória. A seguridade social não se beneficia dessa situação, pois a conta dos benefícios previdenciários e das transferências monetárias instituídas por lei tem de ser paga independentemente da fonte de financiamento. Como não há um horizonte previsível para estancar o crescimento dessa conta, e não há mais espaço para equacionar a disputa da saúde por maiores recursos pelo aumento da carga tributária, a manutenção dessa dualidade não gera efeitos positivos para ninguém.

Na situação vigente, os benefícios previdenciários e assistenciais podem continuar crescendo, pois a denúncia de que são sustentados à custa de um pesado déficit é rebatida com o argumento de que, se somados os recursos da seguridade, o déficit se transforma em um ainda confortável superávit. O espaço para o financiamento da saúde no âmbito da seguridade não será recuperado com a preservação da dualidade tributária, pois, cada vez mais, ficará dependendo do aumento de receitas gerado pelo crescimento da economia. Como a receita do IRPJ é a que mais se beneficia da expansão econômica, a preservação de uma contribuição distinta sobre o lucro não lhe seria benéfica.

Mais importante ainda, a recusa em enxergar as distorções que a dualidade em questão acarreta para a qualidade do regime fiscal conduz a um resultado no mínimo curioso. Significa preservar uma situação em que os cidadãos que dependem do governo, para terem

A proposta 109

acesso a serviços indispensáveis à melhoria de sua condição social, continuam condenados a arcar com o próprio financiamento. Em alguns casos, inclusive, é possível que paguem impostos maiores do que o valor dos serviços que recebem.

Além de contribuir para melhorar a equidade fiscal, a reunificação da tributação da renda reforçaria os ganhos que as demais mudanças contempladas na proposta da reforma abrangente proporcionam. A esse respeito, cabe destacar que essa reunificação poderia abrir espaço para que o Governo Federal reassumisse o papel de principal agente de uma nova política de redução das disparidades regionais, contribuindo para aliviar as restrições a outras mudanças no campo tributário que eliminam as armas que fomentam a guerra fiscal. O conteúdo dessa nova política é abordado em seguida.

Uma nova estratégia regional

O retrato do território não é mais aquele.
O antigo precisa ser substituído por uma foto atualizada

Em boa medida, os antagonismos federativos refletem uma visão ultrapassada das desigualdades e dos interesses regionais. Ao longo dos anos, as diferenças intrarregionais foram se tornando mais acentuadas do que as conhecidas disparidades entre as cinco macrorregiões geográficas brasileiras. A economia e a demografia se distanciaram da geografia, mas as instituições políticas e fiscais permaneceram aprisionadas no velho paradigma.

A expansão das fronteiras agropecuária e mineral, o processo de desconcentração industrial, a melhoria da infraestrutura (transportes, energia elétrica, telecomunicações), os efeitos da mudança da capital para Brasília e os incentivos ao desenvolvimento regional, em particular o acirramento da guerra fiscal no período mais recente, promoveram grande diversificação produtiva e territorial no país. O resultado foi um novo e diversificado mapa populacional e produtivo brasileiro, onde já não se pode caracterizar a nítida divisão do trabalho entre o litoral e o interior, nem entre as macrorregiões, mas sim a formação de um grande número de áreas produtivas dinâmicas e modernas, em setores diversificados, caracterizando um Brasil fragmentado ou vários Brasis.

Nesse contexto, a questão regional precisa ser abordada à luz de uma nova estratégia. Na era da economia do conhecimento, a atração de investimentos requer muito mais do que a concessão de benefícios fiscais. Assumem importância crescente um ambiente favorável aos negócios — serviços públicos de qualidade, segurança jurídica e qualidade da regulação —, uma infraestrutura moderna, recursos humanos qualificados e uma forte base de apoio ao desenvolvimento tecnológico e à inovação.

Incentivos fiscais propiciam benefícios imediatos, mas a facilidade com a qual a maior parte das atividades produtivas se desloca hoje em dia pode fazer com que esses benefícios se percam se os investidores não encontrarem condições satisfatórias para se manterem competitivos ao término dos incentivos. É preciso, portanto, efetuar os investimentos necessários para corrigir as desvantagens de localização, de modo que os projetos incentivados criem raízes e multipliquem seus efeitos na economia regional.

Nessa nova estratégia, cabe ao governo federal a tarefa de implementar um novo modelo de concessão de benefícios fiscais para estimular a localização de empreendimentos estratégicos nas regiões menos desenvolvidas. Com a reunião do IRPJ e da CSSL em um só imposto, o Governo Federal recuperaria a capacidade de utilizar esse tributo como complemento importante da política de investimentos.

A nova política de incentivos fiscais adotaria regras inteiramente distintas das aplicadas ao regime vigente, que seria gradualmente extinto. A isenção ou redução do imposto seria orientada pelo plano

A proposta 111

estratégico já mencionado. O plano indicaria os setores e as regiões que poderiam pleitear esses incentivos, e a seleção dos projetos seria orientada por pareceres técnicos, emitidos por um comitê de especialistas e submetidos à aprovação governamental.

A reorientação do debate sobre a repartição dos royalties que provirão da exploração de petróleo no pré-sal poderia reforçar a capacidade do Estado para financiar os investimentos necessários à promoção do desenvolvimento regional. Como a controvérsia a esse respeito tem demonstrado, uma mudança isolada nos critérios de repartição dos royalties não é o caminho recomendável. A adoção de novos critérios para a repartição dos novos royalties no marco da proposta de promoção de uma ampla reforma fiscal contribuiria para que o uso desses recursos desse uma melhor contribuição para o desenvolvimento econômico e para a redução das disparidades regionais e sociais.

Uma nova estratégia de desenvolvimento regional requer a recuperação da capacidade de o Estado brasileiro promover os investimentos necessários para a competitividade da produção. E a recuperação da capacidade de investimento depende da reforma fiscal. Nesse sentido, a nova política regional compõe a quarta perna de um novo regime fiscal no qual o equilíbrio federativo, as garantias sociais, a harmonização tributária e a política regional se entrelaçam para formar sua bandeira.

A reconstrução do planejamento e do orçamento

Um gasto de qualidade não se obtém com improviso,
é necessário reconstruir o planejamento e o orçamento

O que é um gasto de qualidade? Obviamente, não é fácil responder a essa pergunta. Não há dúvida de que o equilíbrio e a responsabilidade fiscal são condições necessárias a um gasto de boa qualidade, mas uma visão maniqueísta que associe uma má qualidade do gasto ao crescimento de despesas correntes, e vice-versa, não pode ser tomada ao pé da letra para definir a qualidade do gasto. Não basta observar como evoluem as diferentes categorias de despesa. É preciso analisar a composição do gasto e as implicações que mudanças ocorridas na estrutura das despesas trazem para a economia e a sociedade.

Por outro lado, a sugestão de que as deficiências na gestão pública devem-se essencialmente à má qualidade dos gestores, que ignoram os modernos métodos aplicados na empresa privada e que, portanto, precisariam de tutores para melhorar seu desempenho, desconsidera as barreiras que a desconstrução do orçamento criou para uma eficiente gestão do gasto público.

A eficiência e a qualidade do gasto não dependem apenas da existência de bons gestores e governantes. Inúmeros fatores interferem na gestão pública, alguns deles decorrentes da predominância do enfoque macroeconômico no tratamento da questão fiscal. Caso esses fatores não sejam devidamente considerados, o debate sobre o tema perde sentido.

Um bom ponto de partida para situar o debate em uma nova perspectiva é assumir que gasto de boa qualidade é aquele que gera um produto que corresponde às necessidades e às expectativas da sociedade e de seus usuários (ou consumidores) a um custo que atenda a requisitos de eficiência. Tal proposição requer a existência de instituições e condições propícias para uma gestão eficiente dos recursos públicos. Entre essas condições, cabe assinalar que, para melhorar a qualidade do gasto, é necessário:

- que as decisões de gasto estejam inseridas em um planejamento estratégico de longo prazo, que estabeleça as prioridades a serem observadas na destinação dos recursos públicos, tendo em vista os objetivos de crescimento econômico e equidade social;
- que haja condições para que as prioridades com respeito à alocação dos recursos sejam periodicamente revistas para se adaptarem a mudanças decorrentes da dinâmica socioeconômica nacional;

A proposta

- que, no processo de elaboração e aprovação do orçamento, os poderes Executivo e Legislativo concorram para que este traduza em números as opções adotadas sobre o uso das disponibilidades financeiras anuais, tendo em conta as orientações do referido planejamento;
- que a execução orçamentária forneça aos gestores das organizações públicas condições adequadas para o desempenho de suas atividades, como suficiência de verbas, regularidade nos repasses e flexibilidade no uso, exigindo, em contrapartida, compromissos com a apresentação de resultados;
- que a atividade dos gestores não sofra empecilhos desnecessários decorrentes de exigências interpostas pelas distintas organizações encarregadas de controlar a conformidade com normas legais, ou de embargos judiciais resultantes de ações movidas por interesses que se julgam contrariados;
- que na Federação brasileira, em que a maior parte das ações que dizem respeito à provisão de serviços de interesse da população nas áreas urbana e social é exercida por estados e municípios, a eficiência e a eficácia dos gastos dependem de haver equilíbrio entre a repartição territorial dos recursos e a correspondente repartição das demandas e necessidades dos cidadãos, bem como da cooperação dos entes federados para que os objetivos das políticas e programas governamentais sejam atingidos;
- que a qualidade do gasto requer um processo contínuo de avaliação, do qual depende o aperfeiçoamento da gestão pública;
- que, igualmente importante para a qualidade do gasto, é a cobrança que os cidadãos devem exercer sobre os gestores públicos, o que, por seu turno, requer transparência nas decisões orçamentárias e na programação e execução do gasto.

Em suma, um gasto de qualidade requer a reconstrução do planejamento e do orçamento. A seguir estão alinhavadas as medidas necessárias para isso.

O plano estratégico

Um plano estratégico não pode se confundir com um plano de governo. O horizonte temporal desse plano deve ser compatível com uma visão de longo prazo dos desafios que o país enfrenta para superar os entraves a um desenvolvimento economicamente eficiente, socialmente justo, regionalmente equilibrado e ambientalmente sustentável.

O plano estratégico não deve estar limitado por estimativas de disponibilidade de recursos financeiros (isso fará parte de um plano de governo, comentado mais adiante). Ele deve explicitar os grandes objetivos nacionais (poucos), estabelecer metas físicas globais para esses objetivos, indicar as estratégias a serem adotadas e definir alguns indicadores (poucos) para permitir o acompanhamento de sua execução.

Uma questão importante tem a ver com o nível em que o planejamento estratégico é exercido. Conforme sugerem algumas das mais importantes experiências internacionais de reforma orçamentária, a responsabilidade pelo planejamento estratégico não deve se concentrar exclusivamente nos órgãos centrais de planejamento e orçamento.

É importante que os órgãos setoriais estejam habilitados a elaborar seus planos estratégicos, a traduzir esses planos em objetivos, metas e ações plurianuais, e a defender suas reivindicações nas instâncias decisórias do Executivo e do Legislativo. Por seu turno, o planejamento estratégico deve contemplar os elementos necessários para avaliar os trade-offs entre distintas opções de alocação dos recursos disponíveis, tendo em conta os objetivos e as prioridades nacionais.

Uma função importante do plano estratégico seria a de aperfeiçoar as regras que instituem garantias financeiras voltadas para o atendimento dos direitos sociais. A regulação dessas garantias no plano estratégico deve privilegiar os cidadãos que delas se beneficiarão e permitir que as regras aplicadas à sua operação sejam reavaliadas periodicamente para se ajustarem a mudanças no padrão e na localização das demandas pelos serviços por elas protegidos.

A proposta

O plano de governo

O plano de governo abarcaria o período de cada mandato político. Tal plano estabeleceria as prioridades de cada administração quanto à distribuição dos recursos disponíveis entre os objetivos nacionais do plano estratégico. O plano de governo está, portanto, condicionado pela estimativa dos recursos com que o governo poderá contar para fazer as escolhas orçamentárias relevantes.

Tal concepção requer mudanças na forma pela qual a Constituição de 1988 tratou da questão da integração entre o plano e o orçamento. Em primeiro lugar, o período de quatro anos abrangido pelo Plano Plurianual de Aplicações (PPA) é obviamente muito curto para um horizonte adequado de planejamento. Ademais, além de curto, esse período não é sequer obedecido, pois o PPA é desmontado a partir do segundo ano de sua vigência, uma vez que os orçamentos posteriores não obedecem às prioridades nele contempladas, o que leva a sucessivas revisões. Em consequência, a lógica ficou invertida. Não é o orçamento que se ajusta ao plano, e sim o plano que se ajusta ao orçamento.

O plano de governo substituiria o PPA e assumiria o formato de um orçamento plurianual que se estenderia pelo horizonte de cada mandato — quatro anos. Ele conteria os objetivos específicos de cada administração, definiria as metas previstas para o período do mandato, indicaria quanto das metas nacionais cada governo pretende alcançar no âmbito dos respectivos mandatos, os recursos que tenciona aplicar para alcançar seus propósitos e o ritmo com que isso seria feito.

No plano de governo, a relação entre objetivos nacionais e programas orçamentários precisa estar bem definida. Um objetivo pode contemplar mais de um programa, mas um programa não deve se relacionar a mais de um objetivo. O corolário dessa recomendação é que o número de programas deve ser limitado para que, no nível das decisões políticas, a responsabilidade pelas escolhas orçamentárias seja claramente percebida e possa ser devidamente avaliada.

O plano de governo seria levado à aprovação do Legislativo logo no início do mandato. No formato de um orçamento plurianual, restringir-se-ia a definir os recursos atribuídos a cada programa, abstendo-se de especificar a composição desses recursos e de incluir despesas que, por não se relacionarem diretamente com qualquer programa, não precisam ser objeto de uma programação plurianual.* As despesas que se referem à manutenção da máquina pública ou a compromissos recorrentes devem ser objeto das decisões adotadas durante o processo de elaboração do orçamento anual.

Tal formato permitiria que a discussão no Legislativo se concentrasse nas questões relevantes para o país, em vez de se perder nos detalhes da classificação orçamentária. Tal modelo se assemelharia ao modelo francês, no qual o Poder Legislativo interfere nas decisões sobre as prioridades estabelecidas pelo Executivo em nome do interesse nacional, delegando posteriormente a este último autonomia com respeito à gestão orçamentária de cada organização.**

A concentração das decisões políticas nos principais agregados orçamentários é uma das medidas mais importantes para a reforma orçamentária. Ela contribui para que as negociações entre o Executivo e o Legislativo em torno da alocação dos recursos públicos tratem das questões relevantes para o país, evitando que um enorme esforço seja despendido no detalhamento das verbas e na definição das condições para sua utilização.

---

* Essa é a fórmula adotada na Inglaterra (as AMEs) e na França (os envelopes ministeriais) para separar o que está diretamente relacionado aos objetivos estratégicos e o que não está. O pagamento de benefícios previdenciários e os compromissos com a dívida pública, por exemplo, não precisam ser objeto de programação plurianual por serem despesas que se renovam anualmente e que variam em função de mudanças nas regras ou na conjuntura.

** No modelo francês, as prioridades são agrupadas em missões, e é sobre os recursos atribuídos a cada missão que se concentra a intervenção do Legislativo no orçamento. A partir daí, o Executivo assume a responsabilidade pela distribuição dos recursos entre os programas e pela gestão orçamentária.

A proposta

Tal como na experiência do Reino Unido, a aprovação do orçamento plurianual não estabeleceria um compromisso formal do Legislativo com a exata reprodução dos valores nele atribuídos a cada programa durante a aprovação da lei anual do orçamento. Mas estabeleceria um acordo de compromisso que passaria a ser um referencial importante para os ajustes que eventualmente venham a ser feitos durante a aprovação da lei anual.

O orçamento plurianual deve refletir uma postura anticíclica da política fiscal. Isso significa que as estimativas de receitas devem distinguir as receitas que resultam de um comportamento "normal" da arrecadação tributária daquelas que decorrem de fatores atípicos (venda de patrimônio público, pagamento de débitos tributários etc.), ou de flutuações episódicas em variáveis que afetam o comportamento da arrecadação, como oscilações bruscas nos preços internacionais de commodities.

A criação de um Fundo de Estabilização Orçamentária, que acumularia recursos extraordinários gerados em tempos de bonança para garantir a execução do orçamento plurianual durante o período da programação, contribuiria para a estabilidade na execução desse orçamento e para assegurar o cumprimento das metas nele estabelecidas.

O orçamento

O orçamento anual deve adotar a estrutura programática estabelecida no plano de governo e especificar os programas e demais despesas que devem fazer parte do orçamento de cada ministério. Na elaboração do orçamento anual, as estimativas de receita contempladas no plano de governo seriam reavaliadas, tendo em vista o caráter anticíclico que o orçamento deve assumir. Em obediência ao princípio da plurianualidade do gasto, a Lei Orçamentária estabeleceria a possibilidade de transferir para o ano seguinte saldos registrados no fim do ano, segundo condições estipuladas na própria lei.

O primeiro ano do orçamento plurianual derivado do plano de governo deveria corresponder ao orçamento anual para o exercício.

Para tanto, é fundamental que, nos momentos de transição do poder político, a discussão e a aprovação do orçamento anual conte com a participação da equipe de transição do novo governo para que suas prioridades já estejam nele contempladas.

Como o novo governo só é conhecido em novembro, é importante prever que, quando for necessário dispor de mais tempo para concluir o processo de aprovação do orçamento, esta seja postergada para os meses iniciais do novo mandato, a fim de evitar a necessidade de serem promovidas mudanças futuras e de garantir que o novo orçamento seja executado. O quadro 14 resume a proposta de reconstrução do planejamento e do orçamento.

QUADRO 14. A reconstrução do planejamento e do orçamento

- A reconstrução do planejamento e do orçamento requer mudanças nos dispositivos constitucionais que tratam dessa matéria, a fim de recompor o ciclo orçamentário.

- Um dos objetivos dessa mudança é fazer com que as decisões orçamentárias tenham por referência uma visão estratégica dos objetivos e das prioridades nacionais.

- A construção dessa visão estratégica requer mudanças nos prazos e no conteúdo do planejamento governamental. O planejamento governamental não deve se limitar ao mandato político de uma administração. O horizonte do plano precisa ser ampliado, pois quatro anos é um período muito curto. O plano estratégico deveria ter em mira um horizonte temporal não inferior a uma década.

- O plano estratégico deve contemplar as prioridades nacionais, indicar as medidas necessárias para que essas prioridades sejam

A proposta

atendidas e estabelecer garantias financeiras para a aplicação de recursos federais na melhoria da educação e da saúde sob a forma de pisos de gastos fixados em valores per capita, para que as metas nele previstas para esses setores sejam alcançadas.

- O plano de governo de cada administração abarcaria o período de cada mandato político e indicaria as preferências de cada governante com respeito a como repartir os recursos estimados entre as prioridades estratégicas nacionais. Dependendo das disponibilidades financeiras, o plano de governo pode destinar mais recursos do que o piso definido no plano estratégico para gastos federais com educação e saúde.

- O plano de governo assumiria a forma de um orçamento quadrienal, que conteria as previsões de gasto nos programas e projetos selecionados. No plano de governo, a relação entre objetivos nacionais e programas orçamentários precisa estar bem definida. Um objetivo pode estar associado a mais de um programa, mas um programa não deve se relacionar a mais de um objetivo.

- O orçamento anual deve adotar a estrutura programática estabelecida no plano de governo para permitir a verificação do grau em que se relaciona com as prioridades estabelecidas e da continuidade das ações necessárias para que os objetivos sejam alcançados. Na Lei Orçamentária, deve ser contemplada a possibilidade de transferir para o ano seguinte os saldos não aplicados no exercício.

Se o acesso privilegiado ao guichê esvazia o caixa, resta pouco para ser repartido entre muitos

A reconstrução do orçamento também depende da redução de sua rigidez. Dado o acúmulo de direitos previamente assegurados sobre o orçamento e os compromissos com a preservação da disciplina fiscal, as decisões estratégicas foram cristalizadas de tal forma que as negociações sobre a alocação dos recursos públicos acabam se reduzindo a aspectos de menor importância para o futuro da nação.

Uma consequência importante desse fato é o estreitamento do espaço para uma negociação de alto nível que concentre a intervenção política nos grandes agregados, conforme já recomendado, e assegure que essas decisões estejam em sintonia com as prioridades estratégicas nacionais. Dessa forma, a atenção do Legislativo se volta para os detalhes e para a busca de maior influência por meio da imposição de exigências legais que aumentam a rigidez na repartição dos recursos públicos.

Outra implicação de grande relevância refere-se ao virtual desaparecimento de recursos para financiar ações de grande prioridade, mas que não contam com alguma forma de proteção, como os investimentos em infraestrutura e serviços urbanos, o que limita o crescimento da economia e agrava as condições de vida nas grandes cidades.

Como mostram os números exibidos no gráfico 9, à medida que a apropriação preferencial de recursos do orçamento, em razão de obrigações assumidas pelo governo e de direitos assegurados pela Constituição, foi absorvendo uma parcela expressiva das receitas da União, dos estados e dos municípios, os investimentos em infraestrutura econômica, saneamento básico, transporte público, habitação e segurança pública foram particularmente afetados. As consequências desse fato são amplamente conhecidas:

- fortes limitações ao crescimento da economia e perda de competitividade dos produtos brasileiros no mercado global;
- aumento do tempo de deslocamento dos trabalhadores de suas residências para os locais de trabalho, agregando perda de produtividade ao desgaste físico daí decorrente;
- multiplicação de surtos e aumento de mortes decorrentes de doenças relacionadas a más condições sanitárias, como a dengue e as diarreias;

A proposta

GRÁFICO 9. Despesas públicas por áreas: seguridade social, educação, infraestrutura urbana e segurança pública — 2009 — % total

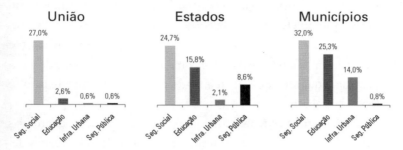

Investimentos públicos — 2002, 2005 e 2009 — Em % do PIB

Fonte: STN.
Nota: seguridade social inclui despesas com assistência e previdência social e saúde; infraestrutura urbana inclui habitação, urbanismo e saneamento.

- deslizamentos e mortes associados à precariedade das habitações em períodos de fortes chuvas como as que ocorrem no verão;
- aumento da violência e da criminalidade, que cerceiam a liberdade dos cidadãos e prejudicam os negócios.

Como as carências sociais refletem o efeito acumulado da interação de vários fatores, o encolhimento da capacidade de financiamento dos setores mencionados repercute nos demais, reduzindo a eficácia das próprias garantias. Como apontam especialistas na área, condições precárias de moradia e deficiências no saneamento agravam as condições de saúde e ampliam as causas de afastamento do emprego, pressionando os gastos com assistência médica e programas assistenciais. Além disso, o desgaste físico decorrente das longas horas despendidas no trânsito compromete a produtividade e a remuneração do trabalhador. Sem a recuperação dos investimentos, a qualidade da infraestrutura se deteriora, o país não cresce como deveria e é incapaz de gerar empregos na quantidade e na qualidade compatíveis com a expansão da força de trabalho.

As razões para o estreitamento do espaço fiscal já foram abordadas no início deste livro e estão resumidas no quadro 15. Tais razões deixam claro que essa situação não sofreria alterações significativas caso fossem adotadas regras que buscassem impor limites ao crescimento dos gastos correntes para que estes crescessem a taxas inferiores às do crescimento da economia. É necessário eliminar a dualidade tributária.

QUADRO 15. A dualidade tributária, a DRU e o ajuste fiscal

- No passado recente, o aumento da carga tributária permitiu que o governo federal mantivesse as contas públicas sob controle, a despeito do forte crescimento dos gastos correntes.

- Como o aumento da carga tributária foi impulsionado pela receita das contribuições sociais, a DRU teve papel importante na estratégia fiscal, pois liberava 20% dessas contribuições para cobrir outros gastos e ajudar a financiar o superávit primário.

- Mas a sucessiva prorrogação dessa estratégia contribuiu para que ela gerasse reações que anularam seu efeito. Ao mesmo tempo que ajudava a manter as contas sob controle, o crescimento da receita das contribuições dava espaço para ampliar os gastos com a previdência e a assistência, que, além do crescimento vegetativo, se beneficiaram dos aumentos no salário mínimo.

A proposta 123

- Em razão disso, a contribuição das receitas da seguridade para o financiamento da saúde foi encolhendo, tendo se reduzido a apenas 12% do total arrecadado e passando a depender em escala crescente das demais receitas da União.

- Atualmente, o total das despesas da seguridade já equivale ao total arrecadado pelas respectivas contribuições. Com isso, a DRU deixa de ter qualquer efeito, pois o que é desvinculado retorna inteiramente ao mesmo lugar.

- As consequências de uma crescente dependência da saúde das demais receitas do governo federal só não foram sentidas nos últimos anos porque, com a melhoria do cenário econômico, as receitas dos impostos — principalmente do IR e da contribuição previdenciária — apresentaram maior dinamismo, evitando que a situação se deteriorasse. Mas como a Emenda nº 29 vincula a despesa com saúde ao PIB, as demais despesas foram comprimidas.

- Só com uma taxa de crescimento econômico acima de 4%, em média, na próxima década será possível sustentar por mais algum tempo o ritmo de crescimento das despesas com previdência, assistência e funcionalismo, mas continuará limitado o espaço fiscal para o aumento dos investimentos e a recuperação do gasto em áreas importantes como infraestrutura urbana e segurança pública.

- Ademais, a manutenção do atual ritmo de crescimento dos gastos mencionados irá aumentar a dificuldade de corrigir o desequilíbrio orçamentário que veio se agravando nos últimos anos em decorrência do comprometimento de uma parcela crescente das receitas orçamentárias a despesas que apresentam forte rigidez.

- Com a perda do efeito da DRU, o equilíbrio fiscal fica mais vulnerável a mudanças no ciclo econômico. Essa situação deixa o governo numa sinuca. Se optar por aumentar as contribuições, incentiva o gasto com previdência e assistência e ainda tem de aportar recursos de outras fontes para sustentar o gasto com a saúde. Se optar por impostos (IR e IPI), fica só com a metade dos recursos para administrar suas contas.

• Como não é razoável promover novos aumentos na carga tributária, a eleição de qualquer das opções acima implica a redução da outra. Isto é, um aumento dos impostos teria de ser compensado com uma redução das contribuições e vice-versa. Nesse caso, a melhor opção é aumentar os impostos, pois o aumento das contribuições só irá ampliar o engessamento do orçamento. A manipulação da dualidade tributária chegou ao fim. Ninguém ganha com sua preservação.

Mantida a situação vigente, a redução da rigidez orçamentária está aprisionada em uma armadilha. Uma queda rápida na taxa de juros poderia aliviar a rigidez, mas isso não é viável sem um maior aperto fiscal. Por outro lado, um maior aperto fiscal também não é viável sem uma mudança constitucional que desarme o efeito cremalheira gerado pela dualidade de regimes tributários instituída em 1988. Portanto, a qualidade do gasto e a isonomia de oportunidades de ascensão social requerem uma ampla reforma fiscal.

Sem transparência a sociedade não tem como fiscalizar seus governantes

Outra providência importante para a qualidade do gasto é a transparência do orçamento. A transparência é importante para tornar o cidadão consciente a respeito do que está sendo feito com o dinheiro dos impostos, do resultado desse uso para a comunidade e dos custos incorridos na obtenção de tais resultados, tudo isso com o objetivo de

A proposta   125

contribuir para a eficiência da gestão pública, a qualidade do gasto e a responsabilização dos governantes.

No Brasil, a questão da transparência orçamentária está longe de alcançar algo parecido. Isto porque, ao longo das últimas décadas, o orçamento público foi perdendo importância enquanto instrumento que reflete decisões estratégicas sobre o modo de utilizar os recursos extraídos compulsoriamente dos cidadãos por meio de impostos. Não é de surpreender, portanto, que uma pesquisa sobre transparência orçamentária na América Latina atribua ao Brasil um índice de apenas 49, para um máximo de 100, inferior ao da Costa Rica, do Peru e do Panamá (tabela 2).

TABELA 2. Índice Geral de Transparência Orçamentária
2009 — escala de 1 a 100

País	Índice
Costa Rica	69
Peru	54
Panamá	50
Brasil	49
México	48
Argentina	48
Colômbia	48
República Dominicana	44
Guatemala	44
Equador	43
Bolívia	42
Venezuela	23

Fonte: Instituto Latino-americano de Transparência Orçamentária.

Simultaneamente à perda de importância, decaiu o interesse da população pelo orçamento e cresceu a demanda de distintos segmentos da sociedade por garantias constitucionais de acesso prévio aos recursos orçamentários, o que, por seu turno, aumenta a irrelevância do orçamento enquanto locus das escolhas orçamentárias em face da crescente rigidez que este foi assumindo. À medida que aumenta a irrelevância do orçamento para a sociedade, torna-se também irrelevante demandar sua transparência. Por isso é que o discurso da transparência se desloca para questões que têm mais a ver com o que de fato ocorre e não com o que deveria ocorrer. Assim, por exemplo, a divulgação pela internet dos dados sobre a execução do gasto é importante, mas não atende ao objetivo de dar transparência ao orçamento.

Em razão dos expedientes adotados para contornar a rigidez do orçamento, o que está sendo executado em determinado ano (à parte as despesas obrigatórias, que têm um fluxo mensal predeterminado) corresponde, principalmente no caso de investimentos, a despesas contempladas em vários orçamentos anteriores, cujo pagamento vem sendo sucessivamente postergado. Dessa forma, as informações divulgadas são importantes para os analistas fiscais acompanharem a execução e a composição do gasto, mas não para a sociedade tomar conhecimento de como os recursos que transfere anualmente para o Estado via tributos estão sendo utilizados, e de como se repartem os custos e benefícios das decisões contempladas no orçamento.

Por isso, qualquer sugestão que trate de aumentar a transparência orçamentária deve partir da proposição de mudanças que restaurem a importância do orçamento. O orçamento se torna importante se a sociedade percebe sua relevância. E se torna transparente se indicar de forma clara como os recursos disponíveis são repartidos entre os vários programas nele contemplados e como tais programas são financiados. A transparência orçamentária depende, portanto, da reconstrução do orçamento.

Ainda assim, por mais que a divulgação das informações busque torná-las mais acessíveis, a linguagem orçamentária tem características próprias que não a tornam de fácil compreensão para a maioria

A proposta 127

da população. Por isso, uma providência adicional importante é a concessão de estímulos para a realização de análises, por instituições acadêmicas, órgãos de pesquisa e organizações independentes, do conteúdo do orçamento e dos resultados de sua execução.

Um maior espaço fiscal favorece o equilíbrio macroeconômico e a ampliação dos investimentos

Um último ponto a assinalar é a contribuição que uma reforma fiscal abrangente daria para a sustentação do crescimento econômico, da qual depende a obtenção de sucessivos ganhos com respeito ao objetivo de promover a isonomia de oportunidades sociais.

No passado recente, o forte aumento da carga tributária permitiu que a expansão dos gastos não pusesse em risco a sustentação da disciplina fiscal, mas isso foi conseguido à custa do encurtamento do espaço para o aumento dos investimentos e a expansão de outros gastos importantes para o crescimento da economia e o bem-estar social, como os relacionados a infraestrutura urbana e segurança pública.

Como não é desejável continuar aumentando a carga tributária na próxima década, uma luz amarela acende no painel de controle das contas públicas. Mantido o atual ritmo de expansão dos principais componentes do gasto público não financeiro — os benefícios previdenciários e assistenciais e os encargos com o funcionalismo —, num cenário em que a carga tributária federal fica constante, é necessário rever essa situação. Sem a contenção do ritmo de crescimento desses gastos, não é possível mudar o quadro vigente e, portanto, gerar as condições necessárias para sustentar o crescimento da economia.

Não é necessário fazer estudos sofisticados para indicar que, nas condições vigentes, as perspectivas fiscais para esta década devem apontar para o seguinte:

- na hipótese de se manter constante a carga tributária federal, a ampliação dos investimentos e dos gastos com saneamento básico e segurança pública depende da contenção do crescimento dos gastos com previdência, assistência e funcionalismo;

- como o impacto de reformas previdenciárias só ocorre no longo prazo (o crescimento vegetativo do RGPS é de 4% e o dos benefícios da Loas é de 6-7%), a melhoria do espaço fiscal depende do crescimento da economia;

- se a taxa média de crescimento na próxima década for de 4%, na ausência de mudança nas regras vigentes, não será possível dobrar a taxa de investimentos e manter a meta para o superávit primário sem espremer ainda mais as demais despesas;

- dobrar os investimentos em uma década parece muito, mas como a base é muito pequena, significaria apenas aumentar os investimentos federais para 2,2% do PIB em 2020;

- nas condições mencionadas, parece óbvio que uma meta de reduzir a carga tributária federal, ainda que modesta (três pontos percentuais menor em 2020), em um cenário relativamente favorável de crescimento médio de 4% do PIB, inviabiliza o aumento dos investimentos, mesmo com uma contenção mais forte dos gastos com previdência, assistência e funcionalismo;

- é claro que taxas médias de crescimento mais altas do que 4% permitiriam adiar o enfrentamento dos problemas, mas é pouco provável que isso seja alcançado sem o aumento dos investimentos. Portanto, é inevitável tomar agora providências para evitar maiores dificuldades à frente.

Esse quadro adquire contornos mais favoráveis quando são contempladas as três medidas que devem dar partida ao processo de realização da reforma fiscal abrangente: a eliminação da dualidade tributária, o aperfeiçoamento das garantias sociais e a mudança na base e no critério de rateio das transferências constitucionais a estados e municípios. Nesse caso, é possível que o objetivo de dobrar a taxa de investimentos do Governo Federal seja alcançado sem comprometer as metas do ajuste fiscal.

Outro aspecto, que não é passível de mensuração, deve trazer ganhos adicionais não desprezíveis. Trata-se das economias que a eficiência e a eficácia na gestão do gasto público, advindas da redução das disparidades fiscais, devem proporcionar. Tais economias podem engordar o orçamento de investimentos ao mesmo tempo que uma gestão mais eficiente do gasto social melhora o desempenho das políticas de educação e de saúde, com reflexos positivos do ponto de vista da sustentação do crescimento.

O PROCESSO DA REFORMA

Puxando o fio certo, a meada se desenrola

Uma questão central para o sucesso de uma proposta de reforma é a escolha do ponto de partida e do caminho a ser percorrido. Nas recentes tentativas de promover reformas parciais no sistema tributário, intermináveis negociações não chegavam ao acordo necessário, ainda que propusessem prazos de transição demasiado longos e incompatíveis com a urgência de implementar mudanças indispensáveis para a eficiência e a eficácia das políticas e programas públicos voltados para a promoção do desenvolvimento econômico e social.

Uma das vantagens de abandonar o caminho das reformas pontuais e traçar o rumo de uma reforma abrangente é propiciar condições mais favoráveis ao avanço da reforma e a um mais rápido processo de transição. As razões para isso são as seguintes:

- a percepção de que uma reforma abrangente é fundamental para a melhoria da equidade fiscal e da qualidade do gasto público cria condições mais favoráveis à negociação dos conflitos de interesses que têm inviabilizado a aprovação de reformas parciais;

- mudanças concomitantes nos vários componentes da reforma fiscal contribuem para que os efeitos das mudanças em um deles — o que gera reações em setores prejudicados — sejam compensados por mudanças em outros componentes, o que reduz a resistência e facilita o entendimento;

- uma reforma abrangente também reduz incertezas com respeito ao receio do impacto de reformas no sistema tributário sobre a receita pública, pois cria regimes automáticos de compensação.

Além da sincronia das mudanças a serem promovidas nos vários componentes de uma proposta de reforma fiscal, o sucesso dessa reforma e a velocidade de sua implementação dependem, como tem sido demonstrado nas mais recentes tentativas de reforma parcial da tributação, de as dificuldades encontradas para acomodar os distintos interesses envolvidos em uma empreitada dessa envergadura serem avaliadas à luz de uma nova perspectiva.

Essa nova perspectiva é a que destaca a necessidade de o Estado nivelar as condições para a escalada da pirâmide social, a fim de que todos os brasileiros possam ascender a patamares mais elevados. O lugar de nascimento e de moradia não pode ser um fator que prive muitos de realizar essa ascensão.

Por isso, um novo rumo para a condução da reforma parece ser fundamental para desobstruir o caminho. Esse novo rumo consiste em conduzir o debate a partir de uma nova bandeira: a da isonomia de oportunidades de ascensão social. Isso significa pôr em questão os fatores que contribuíram para reduzir a eficácia das políticas públicas e aumentar a ineficiência na sua gestão, bem como expor as mudanças que se fazem necessárias no planejamento e no orçamento públicos para lidar com essas questões.

Significa também pôr em destaque as deficiências que as transferências intergovernamentais de recursos fiscais e o regime de garantias sociais apresentam, à luz do lema inscrito nessa bandeira, para avançar na direção de sugestões para corrigir tais deficiências. Na sequência, a correção das deficiências abre espaço para a superação das resistências a mudanças no campo tributário que gerem os resultados esperados para a melhoria da qualidade da tributação.

O processo da reforma 133

É claro que uma proposta dessa natureza suscita reações imediatas com respeito à sua viabilidade. Afinal, grandes reformas só foram promovidas no Brasil em momentos de rupturas institucionais.

Como acreditar que é possível apreciar todos os problemas de uma só vez, tendo em conta, inclusive, as difíceis condições encontradas para transitar uma reforma desse porte no Congresso Nacional?

Em contraposição ao risco de abrir um debate que, em vez de ajudar, dificulte ainda mais a promoção de reformas parciais, existe o risco de abandonar a possibilidade de pôr o tema em debate com base em posições previamente assumidas. A resistência em mexer nesses temas não está no reconhecimento de que a situação vigente é plenamente satisfatória, e sim na ausência de um debate que traga novas alternativas para serem avaliadas. O desafio é desenvolver argumentos e opções que mudem a atitude até agora adotada pelos principais atores envolvidos em debates sobre mudanças fiscais.

Nessa linha, a sugestão de iniciar o debate sobre a reforma fiscal por mudanças que visam promover o equilíbrio federativo e aperfeiçoar o regime de garantias sociais é coerente com o objetivo principal dessa reforma enunciado no início deste livro. O equilíbrio federativo e as garantias sociais são indispensáveis para a cooperação intergovernamental na formulação e gestão de políticas voltadas para a remoção das barreiras ao desenvolvimento, o acesso universal a um padrão uniforme de serviços sociais e a redução das disparidades regionais. Também são importantes para a recuperação do planejamento e do orçamento, tendo em vista a eficiência e a qualidade do gasto. Além disso, as mudanças que se fazem necessárias para promover o mencionado equilíbrio e reforçar as garantias também concorrem para o propósito de melhorar a qualidade da tributação.

A integração do regime de garantias sociais ao modelo de federalismo fiscal reforça a contribuição de ambos para o processo da reforma fiscal. Após o equilíbrio promovido pelo regime de equalização fiscal, a vinculação da receita orçamentária de estados e municípios a gastos com educação e saúde reduz o descompasso entre recursos e demandas e permite que os repasses do governo federal para complementar o financiamento dessas políticas sejam aplicados de forma mais eficiente.

Na educação, a equalização fiscal diminui a necessidade da redistribuição hoje processada via Fundeb, enquanto na saúde ela já dá conta de garantir boa parte do financiamento das ações básicas, liberando maiores recursos para que os repasses federais privilegiem as localidades que concentram o atendimento médico-hospitalar de maior complexidade. Dessa forma, a concentração dos repasses federais em localidades que demandam maiores recursos compensa eventuais perdas que algumas delas possam sofrer com a adoção de um regime de equalização fiscal para repartir os recursos dos fundos constitucionais.

Uma oportunidade ímpar não deve ser perdida

Pela primeira vez nos últimos anos a discussão sobre mudanças no federalismo fiscal precede a retomada das mudanças no campo tributário. Juntamente com a determinação do STF, que obriga a revisão dos critérios de rateio do FPE, assiste-se a um debate eivado de conflitos emocionais em torno da repartição dos royalties do petróleo. Tratadas isoladamente, são grandes as chances de as decisões que vierem a ser tomadas com respeito a essas questões agravarem os desequilíbrios fiscais e, portanto, ampliarem as dificuldades para que o Estado promova a isonomia de oportunidades de ascensão social de todos os cidadãos brasileiros.

Inseridas em um projeto de reforma fiscal que busque, simultaneamente, promover a equidade social e o crescimento econômico, a adoção de novas regras para a repartição do FPE e dos royalties do petróleo pode gerar sinergias positivas nos dois sentidos. As razões para isso estão resumidas a seguir.

O processo da reforma 135

No tocante ao FPE, a proposta de mudança nas regras vigentes consiste em substituí-las por uma nova regra amparada em um princípio de equalização fiscal. A rigor, a adoção de um princípio de equalização fiscal não chega ser uma completa novidade, pois as regras originais previstas na criação desse fundo, em 1967, estabeleciam algo parecido a um regime de equalização, mas que foi abandonado em 1989.

O que está por trás de um regime de equalização fiscal é exatamente a proposição de que, em uma Federação, todos os cidadãos devem receber um tratamento isonômico do Estado com respeito ao acesso a serviços públicos de qualidade. Por isso, tal regime trata de reduzir as disparidades orçamentárias que decorrem da concentração das bases tributárias por força dos desníveis de desenvolvimento entre os entes federados. A regra é simples: aqueles cuja capacidade de obter receitas tributárias com base na arrecadação de impostos próprios está muito aquém de um padrão aceitável devem receber uma complementação de recursos do governo federal para alcançarem esse padrão.

A definição desse padrão decorre de um acordo político embasado em critérios técnicos. Estes levam em conta a magnitude das disparidades com respeito às receitas próprias per capita e às disponibilidades financeiras para promover a equalização. As opções variam entre a definição de um patamar mínimo a ser garantido (caso em que os recursos necessários para a equalização não são predeterminados) e a busca de opções que viabilizem um melhor resultado do ponto de vista da redução de disparidades, dados os recursos disponíveis.

Em que medida a adoção de um regime de equalização fiscal no rateio do FPE pode ser vista como um fator que contribui para a harmonização da tributação estadual e a aplicação do princípio do destino ao ICMS? E como a adoção do destino no ICMS reforça os ganhos da equalização à luz do objetivo de promoção da isonomia de oportunidades de ascensão social?

Embora as informações disponíveis não permitam obter números precisos sobre a repartição de ganhos e perdas dos estados com a transição da cobrança do ICMS no destino, estudos anteriores a respeito e hipóteses sobre o padrão e a composição do comércio interestadual oferecem uma indicação razoável do sentido dessa mudança. Com base nessas evidências, é razoável admitir que as perdas com a transição para o destino se concentrariam nos estados das regiões Sul e Sudeste, à exceção dos estados de Minas Gerais e Rio de Janeiro. No Nordeste, Bahia e Pernambuco também podem estar entre os perdedores, bem como os estados do Centro-Oeste, em razão, principalmente, do peso do comércio inter-regional nas transações com os demais estados. Por outro lado, os principais ganhadores estariam nas regiões Norte (exceção do Amazonas) e Nordeste.

Simulações que buscam avaliar o impacto da adoção de um princípio de equalização fiscal no rateio do FPE mostram um resultado quase simétrico ao anterior. De modo geral, os novos estados da região Norte, que se beneficiaram dos índices de rateio do FPE fixados em 1989, perderiam recursos com a equalização, ao passo que os estados do Sul e do Sudeste, além da Bahia e Pernambuco, que perdem com o destino, ganham com a equalização. No Nordeste ocorreria uma redistribuição interna importante para corrigir as disparidades intrarregionais, com estados que podem perder com o destino sendo mais do que compensados com os ganhos da equalização.

A adição de parte dos recursos oriundos dos royalties do petróleo ajudaria a compor a equação em que os benefícios do destino no ICMS e da equalização no FPE são mutuamente reforçados. Nesse caso, parte dos royalties poderia complementar os recursos atuais do FPE para equilibrar ganhos e perdas com ambas as mudanças. E outra parte poderia constituir uma espécie de reserva para garantir a preservação das atuais receitas per capita durante a transição para o novo regime, de forma a eliminar as resistências à aprovação dessas medidas.

O desenho da transição é de suma importância para o sucesso da proposta de promover uma reforma fiscal abrangente. Tratados separadamente, destino e equalização demandariam um prazo longo para

O processo da reforma   137

completar a transição. Tratados em conjunto, é possível estabelecer uma transição relativamente curta, pois as incertezas com respeito ao comportamento das receitas estaduais seriam minimizadas. Uma mais rápida transição se beneficiaria da possibilidade de aproveitar a oportunidade para promover também a gradual harmonização dos tributos federais que incidem sobre a produção e a circulação de mercadorias e serviços, em sintonia com o processo de harmonização do ICMS.

A harmonização dos tributos federais se daria mediante a incorporação progressiva a um IVA federal de parcelas da receita federal de impostos e de contribuições que incidem sobre esses bens, segundo um procedimento semelhante ao adotado pela DRU. A implantação gradual do IVA federal reduziria as incertezas com respeito à definição das alíquotas desse imposto, uma vez que a experiência e as evidências acumuladas durante a transição permitiriam promover os ajustes necessários para evitar perdas de receita e aumentos indevidos na carga tributária. Da mesma forma, permitiria que as bases de incidência do IVA federal e do ICMS fossem se ajustando, de modo que a harmonização tributária fosse alcançada no fim da transição.

Como a implantação gradual do IVA federal dá mais estabilidade às transferências, também gera efeitos positivos para o processo de adoção progressiva do regime de equalização fiscal. Com a redução das disparidades fiscais na Federação, diminuem também as disparidades na capacidade de financiamento dos gastos sociais, em consonância com o objetivo de promover a isonomia de oportunidades sociais.

O primeiro passo na direção da reforma abrangente

O passo inicial no rumo da reforma abrangente compreende três movimentos simultâneos e sincronizados: aperfeiçoamentos no ICMS, com a harmonização das regras e a adoção do princípio do destino nas operações interestaduais; adoção do princípio de equalização fiscal no rateio do FPE, utilizando parte dos recursos dos royalties para viabilizar a transição; e harmonização dos tributos federais sobre mercadorias e serviços, com a implantação gradual do IVA federal.

A interação dos efeitos positivos dessas mudanças e a importância de avançar rapidamente na redução das barreiras tributárias ao crescimento e na promoção da isonomia no acesso a serviços públicos de qualidade possibilitam propor uma transição inferior a uma década para que as mudanças sejam plenamente implementadas.

A sincronia entre a redução das alíquotas interestaduais do ICMS e a parcela do FPE a ser repartida segundo a regra da equalização fiscal é a chave para uma rápida transição. Uma sugestão é destacar inicialmente 20% dos recursos do FPE para serem repartidos segundo a regra da equalização e definir o calendário de redução das alíquotas interestaduais em função dos resultados dessa opção. Como os ganhos com a equalização crescem à medida que a parcela do FPE a ser repartida por esse critério aumenta, é provável que a redução das alíquotas possa ser progressivamente acelerada. A adição de recursos dos royalties para reforçar a equalização aumentaria as chances de completar a transição no prazo mencionado.

À medida que a transição para o destino, o avanço da equalização fiscal e a harmonização tributária vão reduzindo as disparidades fiscais na Federação, diminuem também as disparidades na repartição da capacidade de financiamento da educação e da saúde entre os estados brasileiros. Com isso, torna-se possível extrair melhores resultados do aporte de recursos federais. Na educação, pode-se aumentar o piso nacional do gasto por aluno matriculado na rede pública com os mesmos recursos hoje aplicados pelo Governo Federal. Na saúde, a redução das disparidades pode ensejar a revisão das regras vigentes para aumentar a eficiência e a eficácia do gasto no setor.

Outro fator que reforça a expectativa de que o tratamento conjunto dos três movimentos que formam o primeiro passo no rumo da

O processo da reforma 139

reforma abrangente propicie uma rápida transição é o impacto das desonerações tributárias decorrentes do aperfeiçoamento do ICMS e da implantação gradual do IVA federal no crescimento da economia.

As desonerações tributárias são necessárias para que a economia cresça a taxas anuais da ordem de 5% e gere mais e melhores empregos, o que redundaria em crescimento dos recursos do FPE e das receitas próprias estaduais, aumentando a solidez da proposta.

Na formulação aqui sugerida, a bandeira da reforma fiscal é a promoção da equidade social. Isso é importante para redirecionar o foco dos debates, mobilizar a sociedade em torno do tema, adotar uma nova perspectiva na análise dos conflitos federativos e construir o apoio político necessário para remover as barreiras que têm impedido o avanço dessa reforma.

A oportunidade de deslanchar o processo de realização de uma reforma fiscal abrangente não deve ser perdida.

O passo inicial delineado aproveita um momento importante — um novo mandato presidencial que elegeu a erradicação da extrema pobreza como uma de suas prioridades — e reúne questões que estão sendo tratadas de forma isolada, como se fossem temas independentes, para dar-lhes uma nova orientação. Dessa forma, evita-se que mudanças pontuais criem maiores distorções e aumentem a dificuldade de corrigir os desequilíbrios que impedem que o princípio da isonomia de oportunidades sociais para todos os brasileiros seja atendido.

O correto entendimento dos benefícios que as mudanças propostas podem trazer para a sociedade brasileira é fundamental para angariar os apoios necessários à realização dessa reforma.

A bandeira da reforma fiscal

A figura 2 mostra as inter-relações entre as dimensões e os componentes da proposta de reforma fiscal que formam a sua bandeira. A correção dos desequilíbrios federativos e o aperfeiçoamento do regime de garantias sociais abrem espaço para a harmonização do sistema tributário, ao mesmo tempo que a harmonização dos tributos contribui para melhores resultados no que diz respeito ao equilíbrio na repartição de recursos entre os entes federados, o que, por seu turno, aumenta a eficácia do regime de garantias sociais. Por outro lado, ao reduzir as disparidades de renda na Federação, a política regional permitiria, com o mesmo montante de recursos, obter melhores resultados com respeito à equalização fiscal, o que contribuiria para reduzir os conflitos que dificultam o avanço na direção da harmonização tributária.

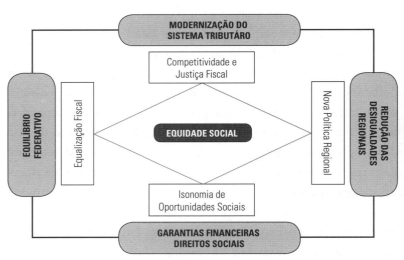

FIGURA 2. A bandeira da reforma fiscal

Menos disparidades e mais cooperação dos entes federados na gestão das políticas públicas aumentam a eficiência das garantias financeiras dos direitos sociais, ampliando a contribuição da reforma para a isonomia de oportunidades sociais e para a redução das disparidades regionais.

Essencial para os objetivos da reforma é a cooperação dos entes federados na formulação e na gestão das políticas públicas; dessa cooperação depende a obtenção de melhores resultados no tocante à eficiência e à eficácia da gestão pública. A harmonização tributária cria um ambiente mais favorável à cooperação ao reduzir o antagonismo que se nutre das disparidades financeiras e da competição fiscal. Ademais, a cooperação entre as administrações tributárias passa a ser uma obrigação, visto que os entes federados precisam integrar seus sistemas de controle e fiscalização para, juntos, obterem o melhor resultado possível, tanto no que se refere à geração de recursos, quanto no que diz respeito aos objetivos econômicos e sociais da tributação.

A cooperação no campo da administração tributária é um passo para a cooperação na gestão do gasto. Isto porque, ao contribuir para o equilíbrio federativo, a harmonização dos impostos reduz as disparidades na repartição da capacidade de financiamento dos programas sociais decorrentes da vinculação de percentagens uniformes das receitas estaduais e municipais a gastos com educação e saúde. Em decorrência, as transferências federais para complementar os recursos que financiam esses programas poderiam ampliar os incentivos à cooperação na gestão do gasto social e incluir compromissos com metas estabelecidas no planejamento setorial, a fim de gerar melhores resultados.

Quando uma nova política regional promove a redução das disparidades de desenvolvimento, repercute positivamente no equilíbrio federativo, uma vez que a convergência de rendas reduz a necessidade de recursos para promover o ajuste vertical e a equalização fiscal, permitindo que mais recursos sejam direcionados para a redução das desigualdades sociais.

Uma coisa puxa a outra. A essência da proposta de reforma fiscal abrangente é provocar uma interação de efeitos que contribuam para derrubar as barreiras à sua aprovação.

Esta obra foi Impressa pelo
Armazém das Letras Gráfica e Editora Ltda.
Rua Prefeito Olímpio de Melo, 1599 – CEP 20930-001
Rio de Janeiro – RJ – Tel. / Fax .: (21) 3860-1903
e.mail:aletras@veloxmail.com.br